GRAMMAIRE
MUSICALE

PAR DEMANDES ET PAR RÉPONSES,

adoptée par le Conservatoire royal de Milan

rédigée

par **B. ASIOLI**, directeur,

Traduite de l'italien.

TROISIÈME ÉDITION FRANÇAISE, REVUE, CORRIGÉE ET AUGMENTÉE,

AVEC PLANCHES,

suivie d'une Méthode théorique de chant

PAR MANFREDINI.

A PARIS,
CHEZ MAISON, LIBRAIRE, QUAI DES AUGUSTINS.

A LYON,
CHEZ CARTOUX, ÉDITEUR ET MARCHAND DE MUSIQUE,
RUE DU PLATRE, 2, A L'ANGLE DE LA PLACE ST-PIERRE.

1840.

V

V 30889

GRAMMAIRE

MUSICALE.

LYON. — IMPRIMERIE DE DUMOULIN, RONET ET SIBUET,
Quai St-Antoine, 33.

GRAMMAIRE
MUSICALE

PAR DEMANDES ET PAR RÉPONSES,

adoptée par le Conservatoire royal de Milan,

rédigée

par **B. ASIOLI**, directeur,

Traduite de l'italien.

TROISIÈME ÉDITION FRANÇAISE, REVUE, CORRIGÉE ET AUGMENTÉE,

AVEC PLANCHES,

suivie d'une Méthode théorique de chant,

PAR MANFREDINI.

A PARIS,

CHEZ **MAISON**, LIBRAIRE, QUAI DES AUGUSTINS.

A LYON,

CHEZ **CARTOUX**, ÉDITEUR ET MARCHAND DE MUSIQUE,

RUE DU PLATRE, 2, A L'ANGLE DE LA PLACE ST-PIERRE.

1840.

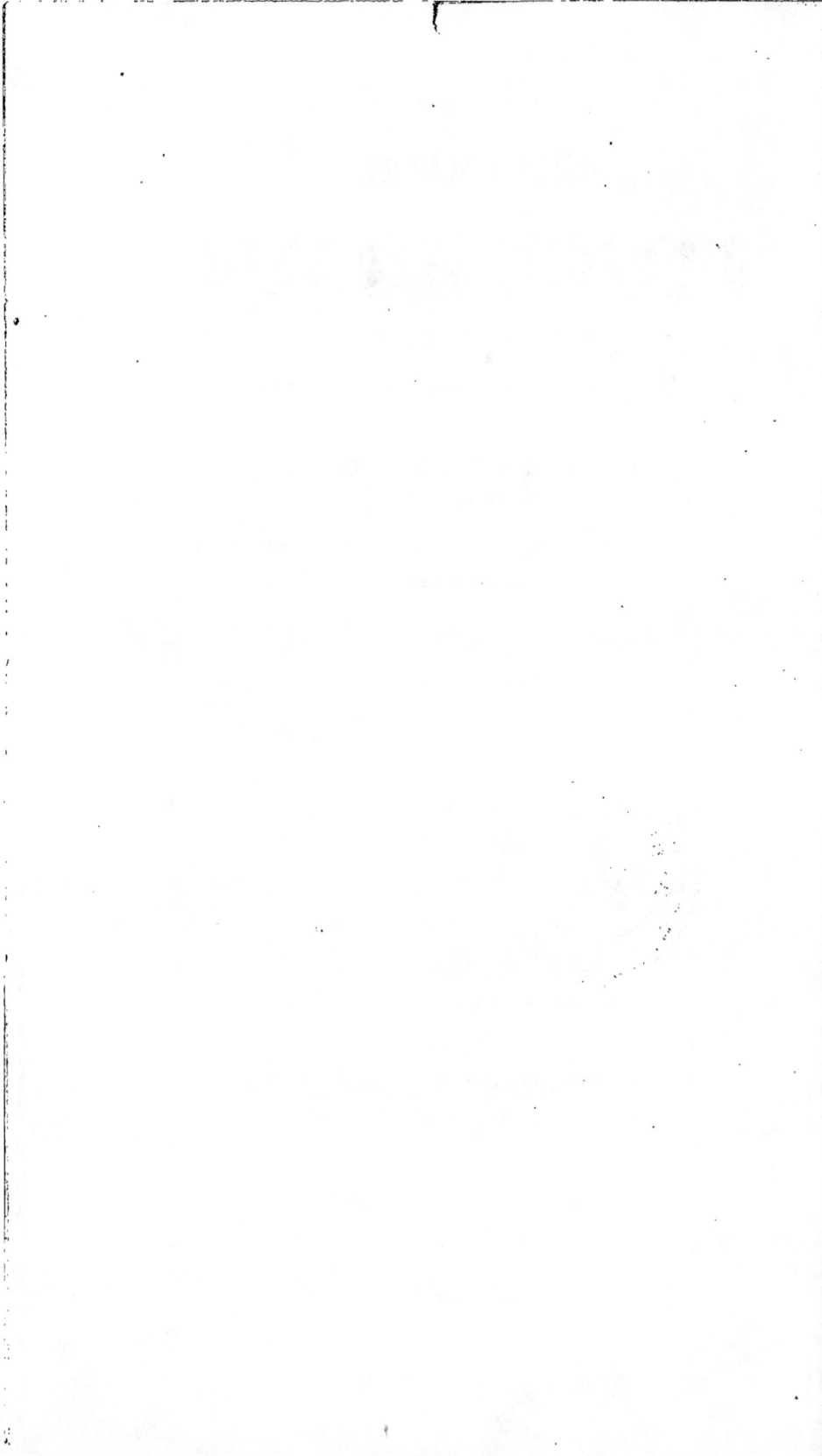

PRÉFACE.

Depuis quelques années, on a publié sur la Musique plusieurs ouvrages élémentaires. Les uns sont trop abrégés, les autres trop volumineux. Un cadre étroit peut difficilement en contenir les principes ; des raisonnements trop savants en rendent l'étude pénible et deviennent fastidieux aux élèves.

B. Asioli, ancien directeur du Conservatoire royal de Milan, a réduit, dans l'intérêt général, à la plus grande simplicité les premiers éléments d'un art dans lequel chacun veut être initié, et qui fait le charme de la société. Quoique son ouvrage renferme tout ce qui est indispensable de connaître, nous y avons ajouté plusieurs sections qui en forment le complément.

La première édition de cette Grammaire fut accueillie avec faveur : la seconde reçut le même

accueil et fut épuisée en peu d'années, quoique
tirée à grand nombre. Nous espérons que cette
troisième, revue avec soin, aura autant de succès.
Nous avons compulsé tous les ouvrages théoriques
et nous croyons n'avoir rien omis dans celle-ci.

La Grammaire Musicale donne tous les rensei-
gnements nécessaires; elle abrége beaucoup l'étude
de la Musique et remplace avec avantage le pro-
fesseur, souvent trop occupé à surveiller les élèves
pendant la leçon-pratique. En le lisant avec attention, les préceptes qu'elle contient se graveront
facilement dans la mémoire des élèves.

Cette Grammaire peut servir d'introduction à
toutes les méthodes vocales ou instrumentales.
Les planches placées à la fin de l'ouvrage offrent
le tableau de tous les signes usités dans la Musique;
elles sont numérotées et chaque chiffre correspond
à celui du texte.

Nous avons ajouté à la Grammaire Musicale un
traité abrégé sur l'art de chanter, par MANFREDINI.
Nous avons pensé qu'il serait d'une grande utilité
pour les élèves, le mode d'enseignement du chant
et du Solfége ayant entre eux beaucoup d'analogie.
Ce petit traité théorique indique le moyen d'ac-
quérir une bonne intonation, d'employer les

agréments, d'observer les nuances et de porter la voix. Ces instructions peuvent s'appliquer à l'une et à l'autre étude.

Nous publierons incessamment un nouveau traité d'harmonie, par l'auteur de la Grammaire. Cet ouvrage est aussi par demandes et par réponses, à la portée de toutes les intelligences. Il existe beaucoup de grands ouvrages sur cette partie de la Musique, mais en général ils sont trop savants et trop abstraits. Asioli a écrit le sien pour des élèves ; son but a été d'être utile, clair et précis. Nous conserverons le format in-8° pour le rendre plus commode et plus facile à consulter. Nous pensons que les jeunes pianistes, à qui la connaissance de l'harmonie est si utile, nous sauront gré de cette publication.

La réunion de ces deux ouvrages formera un cours complet de Musique théorique.

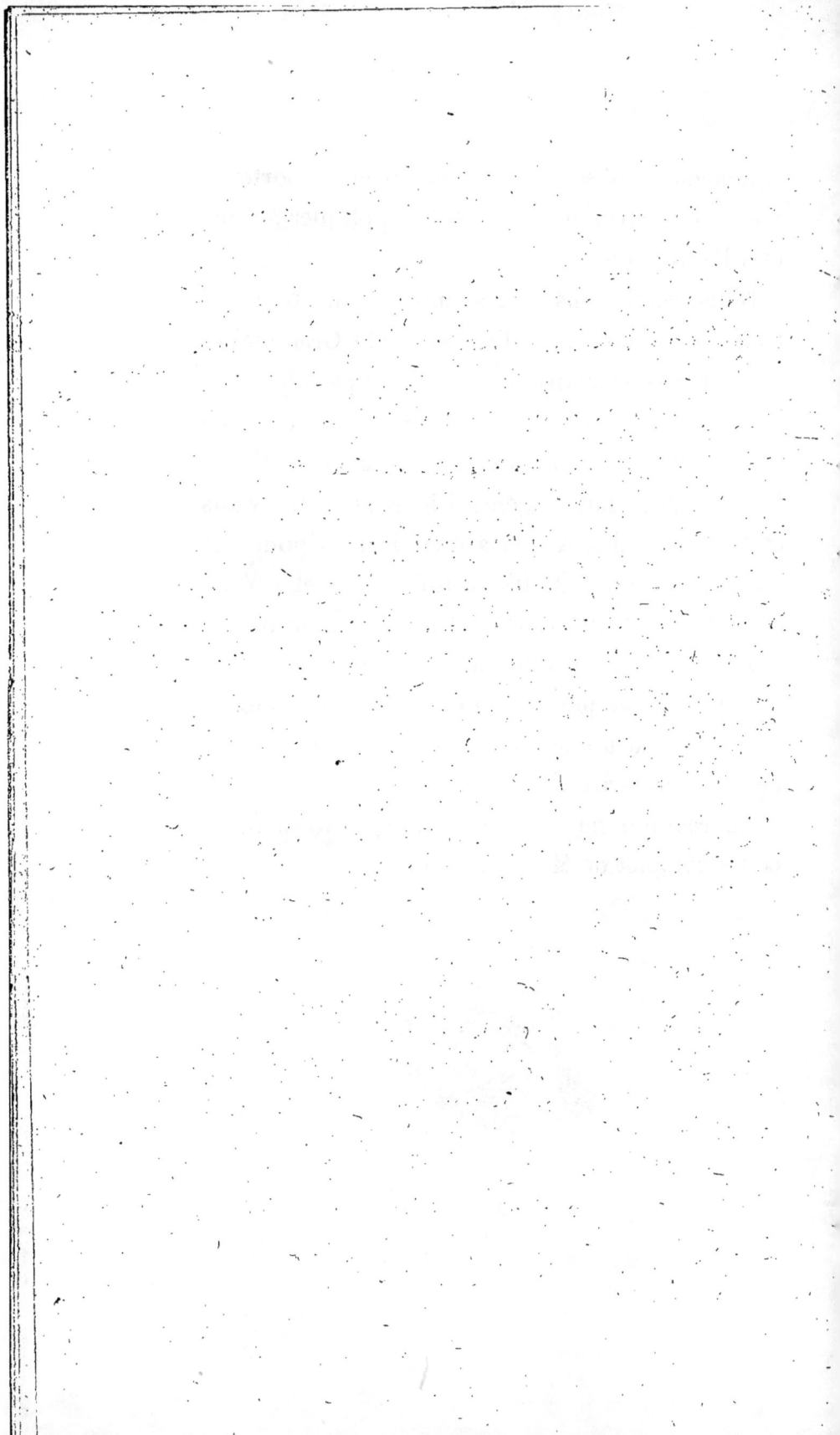

GRAMMAIRE
MUSICALE.

LEÇON PREMIÈRE.
De la Musique et du Son.

SECTION PREMIÈRE.

D. Qu'est-ce que la Musique ?

R. La Musique est la science qui traite du rapport et de l'accord des sons. Elle peut être considérée comme une langue qui n'est composée que de simples sons, au lieu de renfermer des sons articulés et joints ensemble pour former des mots. C'est à la combinaison de ces sons que la mélodie et l'harmonie doivent leur origine. La musique exécutée par les voix avec ou sans accompagnement d'instruments, s'appelle Vocale, et celle que les instruments exécutent seuls, Musique instrumentale.

D. Qu'est-ce que le Son ?

R. Le Son est un certain bruit qui est produit par l'air, lorsqu'il est agité par un corps sonore sur lequel on frappe ou qui est touché par un autre corps.

D. En combien d'espèces divise-t-on le son ?

R. En deux espèces. La première est le son indéterminé, produit par une voix parlante, la chute d'un corps, le bruit du tonnerre, etc. Le son déterminé est produit par une voix chantante, un tube, une corde tendue, une cloche, etc. La succession et la durée de

1

divers sons , produisent la mélodie, et l'union simul-
tanée de divers sons plus ou moins agréables, forment
l'harmonie.

D. Qu'est-ce que la mélodie ?

R. La mélodie est un chant doux et agréable à l'oreille ,
formé par une succession de sons exécutés dans un
mouvement égal ou varié , par le moyen d'une voix
ou d'un instrument , ou par diverses voix ou divers
instruments , pourvu que les unes chantent à l'unisson ou à l'octave , et que les autres jouent de même ,
et qu'ils ne forment qu'une seule mélodie dans leur
union.

D. Qu'est-ce que l'harmonie ?

R. L'harmonie est l'union de plusieurs sons , exécutés
simultanément par plusieurs voix ou divers instruments comme le piano, l'orgue , la harpe , la guittare ,
etc. , sur lesquels on peut exécuter plusieurs notes à
la fois. Un simple accord s'appelle harmonie simulta-
née ; une succession d'accords , harmonie successive.

SECTION II.

Des caractères de la musique et de la gamme.

D. Comment figure-t-on la Musique ?

R. On la figure avec certains caractères que l'on appelle
notes et avec lesquels on forme la gamme.

D. Combien y a-t-il de notes dans la musique ?

R. Sept. Les anciens en avaient dix : les trois qui ne sont
plus usitées étaient la Maxime , la Longue et la Brève ;
cette dernière est encore employée dans la musique
d'église, mais si rarement , que nous ne parlerons que
des sept principales.

D. Comment les nomme-t-on?

R. Ut ou Do, Ré, Mi, Fa, Sol, La, Si.

D. Comment les pose-t-on?

R. Sur une portée composée de cinq lignes horizontales, distantes les unes des autres, formant quatre espaces entre les lignes (Voyez la planche Ire.)

D. Emploie-t-on d'autres lignes avant ou après les cinq de la portée?

R. On en ajoute au dessous pour les sons graves et au dessus pour les sons aigus, qu'on appelle lignes additionnelles.

D. Peut-on répéter les sept notes, en commençant par le son grave ou par le son aigu?

R. On peut dire : Ut, Ré, Mi, Fa, Sol, La, Si, Ut, Ré, Mi, Fa, etc., en montant, ou Ut, Si, La, Sol, Fa, Mi, Ré, Ut, Si, La, Sol, etc., en descendant.

D. Comment distingue-t-on le son grave du son aigu?

R. Selon le placement de l'un ou de l'autre sur les lignes, les espaces ou les lignes additionnelles.

D. Par quelle ligne commence-t-on à compter?

R. On commence par la ligne d'en bas, en allant à la ligne d'en haut.

LEÇON SECONDE.

Des Notes, de leur Valeur et des Pauses qui les représentent.

SECTION PREMIÈRE.

Des Notes.

D. Combien y a t-il de sortes de notes?

R. Il y en a huit des plus usitées dans la musique moderne.

D. Comment les appelle-t-on?

R. La Carrée (*), la Ronde, la Blanche, la Noire, la Croche, la Double croche, la Triple croche, la Quadruple croche.

D. Comment représente-t-on la note Carrée?

R. Comme un petit carré un peu alongé [3].

D. Comment représente-t-on la Ronde?

R. Comme un O [4].

D. Comment représente-t-on la Blanche?

R. Comme un O, avec un trait en haut ou en bas [5].

D. Comment représente-t-on les autres figures?

R. La Noire, comme un petit o fermé et un trait [6]; la Croche, comme la Noire, avec un petit crochet au bout du trait [7]; la Double croche, avec un double crochet au bout du trait [8]; la Triple croche, avec un triple crochet [9]; la Quadruple croche, avec un quadruple crochet [10].

(*) La Note carrée est rarement en usage dans la musique moderne.

SECTION II.

De la valeur des notes.

D. Comment désigne-t-on la valeur des notes ?

R. La forme en désigne la valeur et le temps de leur durée.

D. Combien faut-il de Blanches, de Noires, de Croches, de Doubles croches, de Triples croches et de Quadruples croches pour la valeur d'une Ronde ?

R. Pour une Ronde il faut 2 Blanches, ou 4 Noires, ou 8 Croches, ou 16 Doubles croches, ou 32 Triples croches, ou 64 Quadruples croches [11].

D. Combien faut-il de Noires, de Croches, de Doubles croches, de Triples croches, de Quadruples croches, pour la valeur d'une Blanche ?

R. 2 Noires, ou 4 Croches, ou 8 Doubles croches, ou 16 Triples croches, ou 32 Quadruples croches [12].

D. Combien faut-il de Croches, de Doubles croches, de Triples croches, de Quadruples croches pour une Noire ?

R. 2 Croches, ou 4 Doubles croches, ou 8 Triples croches, ou 16 Quadruples croches [13].

D. Pour une Croche, combien faut-il de Doubles croches, de Triples croches, de Quadruples croches ?

R. 2 Doubles croches, ou 4 Triples croches, ou 8 Quadruples croches [14].

D. Combien faut-il de Triples croches, de Quadruples croches pour une Double croche ?

R. 2 Triples croches, 4 Quadruples croches [15].

D. Combien faut-il de Quadruples croches pour une triple croche ?

R. 2 Quadruples croches [16].

SECTION III.

Du nom et de la valeur du Silence.

D. Qu'est-ce qu'un silence?

R. C'est un intervalle de temps pendant lequel la voix ou l'instrument se tait.

D. Comment marque-t-on le silence?

R. Un petit trait placé au-dessous de la quatrième ligne de la portée, marque une mesure de silence. La demi-mesure se place au-dessus de la troisième ligne. Un trait perpendiculaire qui va de la seconde ligne à la quatrième, a la valeur de quatre mesures [17]; le silence de deux mesures est représenté par la moitié de dernier trait, qui va de la troisième à la quatrième ligne [18]. Le soupir vaut une Noire, le demi-soupir une Croche, le quart de soupir une Double croche, le huitième d'un soupir une Triple croche, le seizième une Quadruple croche.

D. Doit-on employer les mêmes figures dans tous les genres de mesure?

R. Les figures conservent la même valeur dans tous les genres de mesure.

D. Comment fait-on lorsqu'il y a plus de quatre mesures à compter?

R. Si le silence est de cinq mesures, on met le grand trait pour quatre, et à côté, le petit trait pour une mesure; pour huit on double le grand trait. On le met autant de fois qu'il est nécessaire, pour compléter le nombre que l'on veut, en le mettant aussi en chiffre au-dessus, afin de voir d'un coup d'œil combien on doit observer de mesures de silence.

D. Dans les mesures à 2-4, à 3 temps, à 6-8, peut-on employer les mêmes moyens ?

R. On les emploie seulement pour les mesures entières, mais dans les fractions on se sert des soupirs et des autres figures qui représentent les notes brèves.

D. Comment représente-t-on le silence de la Ronde ?

R. Par le petit trait horizontal dont nous avons parlé plus haut [19].

D. Comment représente-t-on le silence de la Blanche ?

R. De la même manière que la Ronde ; mais avec cette différence que le petit trait horizontal se place sur la partie supérieure de la ligne [20].

D. Comment représente-t-on le silence de la Noire ?

R. Avec un 7 retourné [21].

D. Comment représente-t-on le silence de la Croche ?

R. Avec un 7 [22].

D. Comment représente-t-on le silence de la Double croche ?

R. Avec un 7 auquel on ajoute une petite ligne horizontale au-dessous du trait avancé [23].

D. Comment représente-t-on le silence de la Triple croche ?

R. Avec un 7 auquel on ajoute deux traits au-dessous de celui qui avance [24].

D. Comment représente-t-on le silence de la Quadruple croche ?

R. Avec un 7 auquel on ajoute trois petits traits [25].

D. Les silences ont-ils un nom particulier ?

R. Le silence d'une ronde s'appelle pause (*) ; celui de

(*) La pause vaut toujours une mesure, dans quelque espèce de mesure qu'on soit.

la Blanche, demi-pause ; celui de la Noire, un soupir ; celui de la Croche, un demi-soupir ; celui de la Double croche, un quart de soupir ; celui de la Triple croche, un huitième de soupir ; celui de la Quadruple croche, un seizième de soupir.

SECTION IV.

De la Gamme.

D. Comment forme-t-on la Gamme ?

R. La Gamme se compose de huit notes. Chaque note, étant répétée à la distance de huit degrés diatoniques, forme une octave qu'on peut multiplier, en ajoutant des lignes au-dessus des cinq pour monter, et au-dessous pour descendre.

D. Quelle dénomination donne-t-on à chacun des degrés intermédiaires de l'octave ?

R. Chaque degré a une désignation particulière qui rappelle sa propriété et sa relation. Nous prendrons pour les désigner et pour base la Gamme

d'Ut Ré Mi Fa Sol La Si Ut
1 2 3 4 5 6 7 8

L'Ut octave	8me	s'appelle	tonique octave,	8.
Le Si	7me	—	sensible,	7.
Le La	6me	—	sus-dominante,	6.
Le Sol	5me	—	dominante,	5.
Le Fa	4me	—	sous-dominante,	4.
Le Mi	3me	—	médiante,	3.
Le Ré	2me	—	sus-tonique,	2.
L'Ut	Ier	—	tonique,	I.

D. Comment distingue-t-on l'Octave majeure et l'Octave mineure ?

R. Une Octave est majeure lorsqu'on trouve deux tons pleins de la première note du ton à la troisième. L'Octave est mineure lorsqu'il n'y a qu'un ton et demi. La distance de deux degrés qui se touchent produit le ton on le demi-ton.

D. Comment forme-t-on l'Octave majeure et l'Octave mineure ?

R. L'une et l'autre sont composées de cinq tons et de deux demi-tons, avec cette différence que dans l'Octave majeure les deux demi-tons sont de la 3me note à la 4me, et de la 7me à la 8me, soit en montant soit en descendant, et que dans l'octave mineure, on doit les trouver en montant de la 2me à la 3me, de la 7me à la 8me, et en descendant, de la 6me à la 5me, de la 3me à la 2me; tous les autres intervalles composent les cinq tons.

D. Quelle est la note qui détermine le ton ?

R. C'est la note sensible qui le détermine et sert à passer d'un ton dans un autre. Jamais un ton n'est décidé tant que cette note n'a pas été entendue.

LEÇON TROISIÈME.

Du simple Point et du double Point.

SECTION PREMIÈRE.

Du simple Point.

D. Les notes n'éprouvent-elles point de modification ?

R. Les figures musicales, outre leur valeur déterminée, en reçoivent souvent une particulière, lorsqu'on ajoute à côté des notes un point qu'on appelle Point d'augmentation.

D. Quel effet produit le Point simple placé après une note ?

R. Le Point augmente de moitié la note qui le précède.

D. Combien vaut une Ronde pointée ?

R. Elle vaut 3 Blanches [26].

D. Combien vaut une Blanche pointée ?

R. Elle vaut 3 Noires [27].

D. Combien vaut une Noire pointée ?

R. Elle vaut 3 Croches [28].

D. Combien vaut une croche pointée ?

R. Elle vaut 3 Doubles croches [29].

D. Combien vaut une Double croche pointée ?

R. Elle vaut 3 Triples croches [30].

D. Combien vaut une Triple croche pointée ?

R. Elle vaut 3 Quadruples croches [31].

SECTION II.

Du Double Point.

D. Y a-t-il des cas où la note est suivie de deux points ?

R. Oui.

D. Quelle valeur a le second Point ?

R. Le second Point vaut la moitié du premier.

D. Donnez-m'en un exemple.

R. En supposant une Ronde avec deux points, elle vaut
3 Blanches et une Noire [32] ; la Blanche avec deux
points vaut 3 Noires et une Croche [33] ; la Noire dou-
blement pointée vaut 3 Croches et une Double croche [34] ; la Croche avec deux points vaut 3 Doubles
croches et une Triple croche [35] ; la Double croche
avec deux points vaut 3 Triples croches et une Quadruple croche [36].

SECTION III.

Du Point au commencement d'une Mesure.

D. Quelle est la valeur de ce Point ?

R. Il vaut toujours la moitié de la dernière note de la
mesure qui le précède et forme une syncope et le complément de la mesure.

LEÇON QUATRIÈME.

De la Liaison.

D. Qu'est-ce que la Liaison?

R. La Liaison est une ligne courbe placée au-dessus ou au-dessous de deux notes d'égale ou de moindre valeur.

D. Quel effet produit-elle?

R. Lorsque deux notes à l'unisson sont liées, on ne frappe que la première en retenant sur elle la valeur de la seconde.

D. Faites-moi connaître cela par un exemple.

R. Supposons deux Fa , l'un Blanche et l'autre Noire; on donne au premier la valeur d'une Blanche pointée, en retenant sur cette note la valeur de la seconde [37].

D. Donnez-moi un autre exemple sur deux notes d'égale valeur.

R. Lorsque deux Croches sont liées, elles font l'effet d'une Noire [38].

D. La Liaison produit-elle d'autres effets?

R. Quand la ligne courbe se trouve au-dessus ou au-dessous de plusieurs notes de divers noms, elle sert à lier un son avec l'autre [39].

LEÇON CINQUIÈME.

Des Clefs.

SECTION PREMIÈRE.

D. Combien y a-t-il de sortes de clefs?

R. Il y en a huit : Quatre d'Ut 1re, 2me, 3me, 4me lignes, deux de Sol, 1re et 2me lignes, deux de Fa, 3me et 4me lignes.

D. Pourquoi a-t-on donné à ces signes le nom de clefs?

R. Parce qu'ils ouvrent la route qui conduit à la connaissance des sons, et qu'ils indiquent la position, le nom et l'intonation de chaque note.

D. Comment place-t-on les clefs ?

R. On les place au commencement de chaque portée, avant les accidents et la mesure.

D. Quel est l'emploi des clefs d'Ut?

R. Elles désignent la voix de Soprano, de Mezzo-Soprano, de Contralto et de Ténor.

D. Où pose-t-on la clef de Soprano?

R. Sur la première ligne [Planche B. I].

D. Où pose-t-on celle de Mezzo-Soprano ?

R. Sur la seconde ligne [2].

D. Où pose-t-on la clef du Contralto ?

R. Sur la troisième ligne [3].

D. Où pose-t-on la clef de Ténor ?

R. Sur la quatrième ligne [4].

D. Pourquoi les appelle-t-on clefs d'Ut?

R. Parce que chacune d'elles donne le nom d'Ut à toutes les notes qui se trouvent sur la ligne de la clef.

D. Combien y a-t-il de clefs de Sol?

R. Il n'y en a qu'une appelée vulgairement de violon.

D. Où pose-t-on cette clef?

R. Sur la seconde ligne [5].

D. Pourquoi l'appelle-t-on clef de Sol?

R. Parce qu'elle donne le nom de Sol à toutes les notes qui se trouvent sur la ligne de cette clef.

D. N'y a-t-il pas une seconde clef de Sol?

R. Oui; il y a la clef de Sol sur la première ligne, qui correspond, par sa position, à la clef de Fa sur la quatrième ligne; mais elle se chante deux octaves plus haut [6].

D. Combien y a-t-il de clefs de Fa?

R. Deux : une de Basse, et l'autre de Bariton. La première se place sur la quatrième ligne [7], et la seconde sur la troisième [8].

SECTION II.

Des Notes ascendantes et descendantes.

D. Quelle est la manière de nommer les notes par degré?

R. En passant de la ligne à l'espace qui la suit.

D. Donnez-moi un exemple des notes ascendantes.

R. Je prends la clef de Sol sur la seconde ligne, et je dis : sur la ligne de la clef est le Sol, dans l'espace qui la suit est le La; sur la troisième ligne est le Si, dans l'espace suivant est l'Ut; sur la quatrième ligne est le Fa, au-dessus est le Sol; sur la ligne additionelle est le La, au-dessus du La est le Si, etc. [9].

D. Donnez-moi un exemple des notes descendantes.

R. Je prends la clef de Fa à la quatrième ligne, et je dis : sur la quatrième ligne est le Fa, dans le troisième espace est le Mi ; sur la troisième ligne est le Ré, dans le second espace est l'Ut, sur la seconde ligne est le Si, dans le premier espace est le La ; sur la première ligne est le Sol, sous la première ligne est le Fa, sur la ligne additionnelle est le Mi, au-dessous de cette ligne est le Ré, etc. [10].

D. Trouve-t-on quelque différence lorsqu'on va en haut ou en bas ?

R. Non ; parce que le nom de la note, quoique fixé par la clef, est déterminé par la ligne ordinaire, l'espace ou la ligne additionnelle, indépendamment de toute autre circonstance.

D. Indiquez-moi une note qui corresponde à autant de notes qu'il y a de clefs.

R. Je prends pour exemple l'Ut au-dessus de la ligne de la clef de la Basse, et je vois qu'il correspond à l'UT du bariton, à la cinquième ligne ; à l'Ut du ténor à la quatrième ligne ; à l'Ut du contralto, à la troisième ligne ; à l'Ut du mezzo-soprano, à la seconde ligne ; à l'Ut du soprano, à la première ligne, et à l'Ut en bas du violon [11].

D. Combien de degrés une clef est-elle plus aiguë que l'autre, en procédant régulièrement en haut ?

R. De 3 degrés, ou d'une tierce.

D. Donnez-m'en un exemple ?

R. Je commence par le Fa de la Basse à la quatrième ligne, et je vois que, dans celle du bariton à la quatrième ligne ; se trouve le La, dans celle du ténor à la quatrième ligne, est l'Ut ; dans le contralto à la

quatrième ligne, se trouve le Mi ; dans celle du mezzo-
soprano à la quatrième ligne, est le Sol ; dans celle de
soprano à la quatrième ligne, il y a le Si, et dans celle
du violon à la quatrième ligne, se trouve le Ré [12].

D. Quelles sont les clefs les moins usitées?

R. Celle de Mezzo-Soprano, celles de Bariton et de
Sol sur la première ligne.

D. Combien compte-t-on de clefs?

R. Sept.

SECTION III.

Des Voix et des Clefs.

D. A quels instruments ou à quelles voix ces clefs sont-
elles applicables?

R. La clef de Sol sert pour le Violon, le Chant, le Piano,
la Flûte, le Hautbois, la Clarinette, le Cor anglais,
le Cor-de-chasse, les Trompettes, la Harpe, la Guitare, la Mandoline.

D. A quoi sert la clef de Fa à la quatrième ligne?

R. Elle sert à la Basse chantante, au Piano, à la Harpe,
à la Contrebasse, au Violoncelle, au Basson, au
Trombone, au Serpent, à l'Ophicléide, et aux Tim-
bales.

D. A quoi sert la clef de Soprano ?

R. Au chant seul.

D. A quoi sert la clef de Contralto?

R. Au Chant et à la Viole.

D. A quoi sert finalement la clef de Tenor ?

R. Au Chant, au Violoncelle et au Basson.

D. Combien ces instruments forment-ils de classes?

R. Trois : instruments à clavier, instruments à cordes, instruments à vent.

D. Quels sont les instruments à clavier ?

R. Le piano, l'orgue et l'accordéon.

D. Quels sont les instruments à cordes ?

R. Le Violon, l'Alto, la Basse, la Contre-Basse, la Harpe, la Guitare et la Mandoline.

D. Quels sont les instruments à vent ?

R. La Flûte, le Hautbois, la Clarinette, le Cor, le Basson, la Trompette, le Bugle, l'Ophicléide, le Serpent, le Trombone, le Cornet à pistons, le Cor anglais, le Baryton, etc.

LEÇON SIXIÈME.

Des Temps égaux et des Temps inégaux, du Rhythme et de la Mesure.

SECTION PREMIÈRE.

Des Temps.

D. Que signifie le mot Temps?

R. Il signifie le contenu de diverses parties, ainsi que chacune des parties séparément.

D. Combien de sortes de temps y a-t-il?

R. Deux sortes ; c'est-à-dire, temps égaux et temps inégaux.

D. Quels sont les temps égaux?

R. Ce sont ceux qui se divisent en deux ou en quatre parties, comme sont les temps ordinaires, composés d'une Ronde, ou 2 Blanches, ou 4 Noires, ou 8 Croches, ou 16 Doubles croches, ou 32 Triples croches.

D. Quels sont les temps inégaux?

R. Ce sont ceux qui se divisent en trois parties, composés d'une Blanche pointée, de 3 Noires, de 6 Croches, de 12 Doubles croches, de 24 Triples croches, etc.

SECTION II.

Du Rhythme musical.

D. Qu'entend-on par Rhythme musical?

R. Le Rhythme musical consiste dans la division en plusieurs parties égales d'une mesure dans laquelle on
exécute une certaine quantité de notes.

D. Quel degré de vitesse ou de lenteur doivent-elles
avoir?

R. Le degré de vitesse ou de lenteur est toujours déterminé par les mots Allegro, Adagio, Andante,
Presto, etc., que le compositeur met au commencement
de chaque pièce de musique.

D. Comment bat-on la mesure?

R. On la bat avec la main ou avec le pied.

D. Combien y a-t-il d'espèces de mesure?

R. La mesure est de trois espèces, à 2, à 3 et à 4
temps; chaque espèce a différentes résolutions.

D. Comment résout-on la mesure à 2 temps?

R. En mesure à 2-4, 6-4, 6-8.

D. Comment résout-on la mesure à 3 temps?

R. En mesure à 3-4, 3-8, 3-2, 9-4, 9-8.

D. Comment résout-on la mesure à 4 temps?

R. A 12-4, 12-8.

D. Y a-t-il d'autres mesures?

R. Il y en a une à un temps et une à 5 temps, peu
usitée.

D. Comment bat-on celle à un temps?

R. La mesure à un temps est un 3-8 qui dans les prestissimo, ne pourrait s'exécuter à 3, vu l'extrême
rapidité du mouvement.

D. Comment bat-on la mesure à 5 temps?

R. On frappe les deux premiers et les 3 autres se font en levant.

SECTION III.

Des Mesures.

D. Qu'est-ce que la Mesure?

R. La Mesure est un des caractères de la musique qui fixe et dirige le nombre et la valeur des notes.

D. Est-elle de rigueur?

R. Oui; sans elle le chant ne serait qu'un chaos de sons monotones, si elle n'en déterminait pas avec précision la durée.

D. Comment forme-t-on la mesure?

R. Elle est déterminée par le signe indicatif que le compositeur met toujours après la clef et les accidents.

D. Lorsque la mesure est indiquée par deux chiffres, comment doit-on la résoudre?

R. Premièrement on examinera le chiffre inférieur, qui donnera toujours la qualité et la quantité des notes qui dans un temps ordinaire seraient comprises dans une mesure; ensuite on examinera le chiffre supérieur, et celui-ci donnera la quantité des notes qu'on devra mettre dans chaque temps marqué par les chiffres.

D. Comment divise-t-on les mesures?

R. On les divise par deux petites barres séparées, entre lesquelles on place la quantité de notes indiquées par le chiffre.

D. Comment représente-t-on le temps ordinaire?

R. Par un C.

D. En combien de parties le divise-t-on?

R. En quatre parties, ou 4 Noires, ou autres figures équivalentes [13].

D. Comment se battent ces quatre temps?

R. Deux en frappant, deux en levant.

D. Dans ces temps y en a-t-il de plus ou moins sensibles ?

R. Oui; le premier et le troisième sont forts, et le deuxième et le quatrième faibles.

D. Comment appelle-t-on le contenu de ces quatre temps?

R. Une mesure.

D. Quel est le signe qui représente la mesure à deux temps?

R. La mesure composée de 2 Blanches se marque avec un 2 ou un C barré.

D. En combien de temps la divise-t-on?

R. En deux temps; c'est-à-dire, en deux Blanches ou autres figures équivalentes [15].

D. Comment les bat-on?

R. Un temps en frappant, et l'autre en levant.

D. Sur quelle note tombe le temps fort?

R. Sur la première.

D. La mesure indiquée par un C est-elle la même que celle du C barré.

R. Non; la mesure avec un C barré exige plus de rapidité dans l'exécution, quoiqu'elle ait la même quantité de valeurs.

D. Y a-t-il des cas où deux mesures de Blanches n'en forment qu'une dans tout le cours de la pièce de musique?

R. Oui; dans l'ancienne musique de chant on en voit

fréquemment : ce qui fait que de 4 Blanches renfer-
mées dans une mesure, le premier temps se fait en
frappant, le second en levant, le troisième en frappant, et le quatrième en levant.

D. Ne pourrait-on pas trouver une dénomination, un
signe et une manière plus raisonnable de battre et
d'indiquer ces 4 Blanches ?

R. On pourrait l'appeler temps ordinaire de Blanches
et le marquer avec un O barré verticalement dans
le milieu, et le battre aussi à quatre temps, c'est-à-
dire, deux en frappant et deux en levant [16].

D. N'a-t-elle pas une autre dénomination ?

R. On l'appelle double mesure à deux temps, et on la
marque aussi par deux chiffres 2-1, ce qui veut dire
deux Rondes par mesure au lieu d'une.

D. Quelle est la mesure qui en dérive ?

R. C'est la mesure à 6-2, ce qui veut dire 2 Rondes
pointées pour 2 Simples.

D. Comment marque-t-on la mesure à deux-quatre ?

R. Avec un 2, et un 4 posé sous le 2.

D. En combien de temps la divise-t-on ?

R. En deux temps ou 2 Noires, ou autres figures équivalentes.

D. Comment les bat-on ?

R. L'un en frappant, l'autre en levant.

D. Quel est le temps fort ?

R. Le premier.

D. Comment marque-t-on la mesure à six-quatre ?

R. Avec un 6, et un 4 posé sous le 6.

D. En combien de temps la divise-t-on ?

R. En deux temps, c'est-à-dire, 2 Blanches pointées,
ou autres figures équivalentes.

D. Comment les bat-on ?

R. L'un en frappant, l'autre en levant.

D. Quel est le temps fort ?

R. Le premier.

D. Comment marque-t-on la mesure à six-huit ?

R. Avec un 6, et un 8 placé au dessous du 6.

D. Comment la divise-t-on ?

R. En deux temps, c'est-à-dire, 2 Noires pointées, ou autres figures équivalentes.

D. Comment les bat-on ?

R. L'un en frappant, l'autre en levant.

D. Quel est le temps fort ?

R. Le premier.

D. Comment marque-t-on la mesure à douze-quatre ?

R. Avec un 12, et un 4 placé au dessous.

D. Comment la divise-t-on ?

R. En quatre temps, c'est-à-dire, 4 Blanches pointées, ou autres figures équivalentes.

D. Comment les bat-on ?

R. Deux en frappant, deux en levant.

D. Quels sont les temps forts et les temps faibles ?

R. Les temps forts sont le premier et le troisième, et les temps faibles, le second et le quatrième.

D: Comment marque-t-on la mesure à douze-huit ?

R. Avec un 12, et un 8 placé au-dessous du 12 [21].

D. Comment la divise-t-on ?

R. En quatre temps, c'est-à-dire, 4 Noires pointées, ou autres figures équivalentes.

D. Comment les bat-on ?

R. Comme ceux de la mesure à 12-4.

⊕⊛⊕

SECTION IV.

Suite des Mesures.

D. Comment marque-t-on la mesure à trois-deux?

R. Avec un 3, et un 2 placé sous le 3 [22].

D. Comment la divise-t-on?

R. En trois temps, c'est-à-dire, 3 Blanches, ou autres figures équivalentes.

D. Comment les bat-on?

R. Deux en frappant, le troisième en levant.

D. Quels sont les temps forts?

R. Généralement le premier et le dernier sont forts, et le second faible; mais il est des cas où les deux premiers sont forts, et quelquefois le premier est le seul fort.

D. Comment marque-t-on la mesure à trois-quatre?

R. Avec un 3, et un 4 placé au-dessous du 3 [23].

D. Comment la divise-t-on?

R. Comme la mesure à 3-2.

D. Comment marque-t-on la mesure à trois-huit?

R. Avec un 3, et un 8 placé au-dessous [24].

D. Comment la divise-t-on?

R. En trois temps, c'est-à-dire en 3 Croches, ou autres figures équivalentes.

D. Comment les bat-on?

R. Comme les autres mesures à trois temps?

D. Comment marque-t-on la mesure à neuf-quatre?

R. Avec un 9, et un 4 placé au dessous [25].

D. Comment la divise t-on?

R. En trois temps, c'est-à-dire, 3 Blanches pointées, ou autres figures équivalentes.

D. Comment les bat-on?

R. Deux en frappant, et un en levant.

D. Quels sont les temps forts et les temps faibles ?

R. Ce sont les mêmes que pour la mesure à 3-2.

D. Comment marque-t-on la mesure à neuf-huit?

R. Avec un 9, et un 8 placé au-dessous du 9 [26].

D. Comment la divise-t-on?

R. En trois temps, c'est-à-dire, 3 Noires pointées, ou autres figures équivalentes.

D. Comment les bat-on?

R. Comme la mesure à 9-4.

SECTION V.

Suite des Mesures.

D. Pourquoi met-on tantôt un 2, tantôt un 4, tantôt un 8 sous le chiffre qui indique la mesure ?

R. Parce que le chiffre placé au-dessous fixe la quantité des notes qui doivent composer une mesure.

D. Donnez-m'en un exemple ?

R. Supposez un 3 et un 4, ce dernier fait connaître que dans la mesure à 3-4, il faut trois Noires, parce qu'il en faut quatre dans le temps ordinaire.

D. Donnez-m'en un autre exemple?

R. Supposez le 9 et le 8 : le huit donne à connaître que dans cette mesure il faut neuf Croches, parce qu'il y en a huit dans le temps ordinaire.

D. Y a-t-il d'autres mesures?

R. Oui.

D. Combien y en a-t-il en tout?

R. Douze.

D. Quelles sont les mesures les moins usitées ?

R. Ce sont les mesures 6-4, 12-4, 12-8, 3-2, 9-4, 9-8.

D. Où place-t-on le signe de la mesure?

R. On le place après la clef et les accidents [27].

LEÇON SEPTIÈME.

De la Syncope.

D. Qu'est-ce que la syncope?

R. La syncope consiste dans une note qui appartient à deux temps.

D. Donnez-m'en un exemple?

R. Lorsqu'on trouve une Noire, une Blanche suivie d'une autre Noire, la Blanche est la note syncopée; dans la mesure à 2-4, lorsqu'après une Croche on trouve une Noire suivie d'une autre Croche, la Noire devient syncopée; il en est de même pour des notes de moindre valeur.

D. Peut-on démontrer d'une autre manière la syncope?

R. Oui; deux notes liées, d'égale valeur et à l'unisson, produisent le même effet que la syncope.

D. Sur quel temps la fait-on sentir?

R. Sur le temps faible de la mesure, en prolongeant le son sur le temps fort.

D. Une note qui remplit seule une note ou plusieurs mesures, est-elle sensée syncopée?

R. Non; on l'appelle Tenue, et elle sert à soutenir le son.

D. Quel effet résulte-t-il de la syncope?

R. Il résulte que chaque syncope va à contre-temps, et chaque succession de notes syncopées prend un mouvement contraire à l'ordre naturel du temps.

LEÇON HUITIÈME.

Des Notes surabondantes.

D. Qu'entend-on par triolet?

R. Une réunion de trois notes qui vont de 3 en 3, au-dessus desquelles on met un 3.

D. Donnez-nous un exemple?

R. Dans un temps ordinaire une mesure peut être com-posée de cinq Noires, quand trois d'elles n'outrepassent pas la valeur de deux.

D. Comment fait-on pour ne pas l'outre-passer?

R. On accélère un peu le mouvement de ces trois notes [29].

D. Y a-t-il encore d'autres notes surabondantes?

R. Oui; on met quelquefois six notes pour quatre, comme, par exemple, dans la mesure à 2-4, il peut entrer dix Doubles croches, pourvu que la durée des six n'outre-passe pas la valeur des quatre.

D. Comment fera-t-on afin qu'elles n'outre-passent pas la durée des quatre?

R. On accélérera un peu le mouvement, comme pour le Triolet [30].

D. Y a-t-il encore d'autres notes surabondantes?

R. Oui; comme, par exemple, 5 pour 4, 9 pour 8 et 10 pour 8.

D. Comment les exécute-t-on?

R. En accélérant un peu le mouvement, comme dans le Triolet et dans les notes qui sont par six (*) [31].

_____

(*) Les Italiens appellent ces six notes *sestina*.

LEÇON NEUVIÈME.

Des signes d'abréviation.

D. De combien de manières désigne-t-on l'abréviation ?

R. De trois manières, c'est-à-dire, en faisant au-dessous ou au-dessus de la note, un ou plusieurs traits obliques au travers de la ligne.

D. Quel effet produisent un ou plusieurs traits au-dessus ou au-dessous de la note ?

R. Ils obligent à répéter la note autant de fois qu'il y en a d'indiquées par la valeur de la note, et par le trait placé au-dessus ou au-dessous.

D. Donnez un exemple avec les signes de musique ?

R. Une Ronde sera frappée huit fois quand elle aura un simple trait au-dessus ou au-dessous d'elle [32].

D. Donnez-nous-en un autre exemple ?

R. Une Noire traversée par un double trait oblique, sera répétée quatre fois [33].

D. Fait-on la même chose pour les autres figures ?

R. Oui ; d'après la valeur de la note et suivant le trait on en fixera le nombre.

D. Que produisent un ou plusieurs traits obliques sur la ligne ?

R. Ils font répéter tantôt deux fois, tantôt quatre ou plus, les notes qui les précèdent.

D. Donnez-nous-en un exemple avec les figures musicales ?

R. Supposons deux Blanches, Ut, Mi, liées par deux traits ; ces deux traits obligent de répéter huit fois ces deux notes, comme si c'étaient 8 Doubles croches : les deux traits qui sont après représentent la même quantité de notes [34].

D. Que signifie le mot Simili, et que faut-il faire quand on le voit écrit ?

R. Simili, mot italien, (pluriel de *simile*, semblable), se place dans la musique après un arpége, une batterie ou tout autre groupe ou dessin musical, et indique la continuation de cet arpége, de ce groupe, etc.

D Que signifie le mot Arpeggio ou Arpége ?

R. Arpeggio, mot italien, employé dans les instruments à archet et à touches, indique qu'on doit faire entendre les sons des accords successivement et non pas simultanément [35].

D. Comment abrége-t-on, lorsque deux parties exécutent la même mélodie ?

R. On écrit dans la partie inférieure UNISSON, ou par abréviation UNIS : suivi de plusieurs parallèles, jusqu'à ce que cette partie cesse d'avoir la même mélodie que l'autre.

D. Peut-on mettre des abréviations dans la musique vocale ?

R. La musique vocale n'en comporte point.

LEÇON DIXIÈME.

Des Agréments.

SECTION PREMIÈRE.

De l'Appogiature.

D. Combien y a-t-il de sortes d'Agréments?

R. Quatre, l'Appogiature, le Gruppetto, le Mordant et le Trill.

D. Qu'est-ce que l'Appogiature?

R. L'Appogiature est une très-petite note qui précède une note ordinaire, et qui se trouve communément un degré au-dessus ou au-dessous de la note.

D. En trouve-t-on à la distance de plusieurs degrés?

R. Oui; comme de tierce, de quarte, de quinte, etc., tantôt au-dessus, tantôt au-dessous de la note.

D. Quelle est la vraie valeur de l'Appogiature?

R. Rigoureusement elle n'a aucune valeur fixe; mais on lui donne tantôt toute la valeur de la note, tantôt la moitié, tantôt le quart, tantôt un huitième, en raison de la petite note qui la représente.

D. Dans quelle circonstance lui donne-t-on toute la valeur?

R. Supposons une Blanche pointée; l'Appogiature vaudra la valeur d'une Blanche, et il ne restera à la note que la valeur du point [36].

D. Comment lui en approprie-t-on la moitié?

R. Supposons une Noire; l'Appogiature vaudra une Croche, et l'autre moitié restera à la note [37].

D. Comment lui approprie-t-on le quart de la note?

R. Supposons une Noire; l'Appogiature vaudra une Double croche, et les trois parties qui restent seront pour la note [38].

D. Comment lui approprie-t-on la huitième partie?

R. Supposons une Blanche; l'Appogiature vaudra une Double croche, et les sept autres parties seront pour la note [39].

D. Ces Agréments doivent-ils être toujours rigoureusement exécutés avec ladite valeur?

R. Oui; si nous voulons obtenir une exécution précise.

D. Comment doit-on faire pour rendre l'effet de l'Appogiature?

R. On doit la lier à la note, et lui donner une certaine force en s'y appuyant, comme le désigne clairement le mot Appogiature.

SECTION II.

Du Gruppetto.

D. Qu'est-ce que le Gruppetto?

R. Le Gruppetto est une série de petites notes qui précèdent une note ordinaire.

D. De combien de notes se compose le Gruppetto?

R. Généralement de trois.

D. De quelle manière le forme-t-on?

R. Le Gruppetto antécédent d'Ut sera formé de Ré, Ut, Si, ou de Si, Ut, Ré.

D. Comment l'appelle-t-on lorsqu'il est formé de Ré, Ut, Si?

R. Gruppetto en bas [40].

D. Et quand il l'est de Si, Ut, Ré?

R. Gruppetto en haut [41].

D. Peut-on le former de quatre petites notes?

R. Oui.

D. De quelle manière?

R. En supposant deux notes, Ut, Mi, avec un Gruppetto dans le milieu ; alors on le formera de Ré, Ut, Si, Ut, ou de Si, Ut, Ré, Ut [42].

D. Donnez-m'en un autre exemple?

R. Supposons un Ut Noire pointée, et un Ré Croche, le Gruppetto qu'on trouvera entre ces deux notes, sera fait sur la valeur du point placé à la première note [43].

D. Y a-t-il une manière de l'indiquer sans les petites notes?

R. Oui; avec un ∽ mis horizontalement sur ou sous une ou deux notes [44].

D. Comment doit-il être exécuté?

R. Avec netteté et rapidité.

D. Est-il toujours lié à la note?

R. Oui; il l'est de manière que le Gruppetto et la note forment un tout.

SECTION III.

Du Mordant.

D. Qu'est-ce que le Mordant?

R. Le Mordant est un agrément très-souvent employé, qui consiste en deux ou plusieurs petites notes placées immédiatement avant une note quelconque.

D. Quelles sont ces petites notes?

R. Supposons un Ut, les deux petites notes seront Ut, Ré, ou Ut, Si, lesquelles unies à la note principale, feront Ut, Ré, Ut, ou Ut, Si, Ut [45].

D. Le fait-on d'une autre manière ?

R. Oui ; prenons un Ut, le mordant peut être Si, Ré, ce qui fera Si, Ré, Ut ; si c'est un Mi, le mordant peut être Ut, Ré, lequel fera Ut, Ré, Mi [46].

SECTION IV.

Du Trill.

D. Qu'est-ce que le Trill?

R. Le Trill est un ornement, composé de deux notes qui se succèdent alternativement avec une grande rapidité ; et que le chanteur ajoute ou qu'il trouve écrit en petites notes. On l'indique par le signe *tr.* au-dessus duquel on place un signe altératif, lorsque la seconde supérieure est altérée accidentellement.

D. Est-on obligé de le préparer et de le terminer?

R. Oui.

D. Quelle en sera la préparation?

R Supposons le Trill sur le Ré, la préparation sera Ut, Ré [48].

D. Quelle en sera la terminaison ?

R. Supposons le même trill sur le Ré, la terminaison sera aussi Ut, Ré ; d'après cela on tombera sur la note finale d'Ut [49].

D. Quelle est sa durée ?

R. Le Trill ne peut avoir d'autre durée que celle de la note principale.

D. Quels sont les avantages les plus agréables?

R. La rapidité et le perlé.

3

34 GRAMMAIRE MUSICALE.

SECTION V.

De la Cadence.

D. À quoi sert la Cadence?

R. La Cadence sert à passer d'un ton à un autre et à terminer un chant.

D. Comment doit-on l'employer?

R. On doit l'employer pour terminer chaque phrase et chaque période de la musique, qui, à l'imitation du discours, a ses phrases, ses périodes, ses points, des épisodes, des digressions, etc. Ainsi la cadence consiste dans l'accord dissonnant à l'accord consonnant, en allant de la tonique à la quinte, et de la quinte à la tonique; cette marche lui a fait donner le nom de Cadence.

D. Comment détermine-t-on le ton?

R. 1° Par la connaissance de la note sensible;

2° Par le moyen de l'accord parfait;

3° Par la quinte de la tonique;

4° Par la cadence sur la tonique ou sur la dominante; le mode se détermine par la tierce et la sixte.

D. Le chanteur doit-il la connaître?

R. Cette connaissance n'est pas de rigueur. Le chanteur n'exécutant la cadence qu'en la voyant écrite, elle concerne particulièrement le compositeur.

LEÇON ONZIÈME.

Des signes de renvoi.

D. Combien y a-t-il de signes de renvoi?

R. Cinq : la double ritournelle, la simple, la reprise, le bis et le da-capo.

D. Quel est l'effet de la double ritournelle?

R. Elle divise la pièce de musique en deux parties, et oblige de les répéter toutes les deux.

D. Comment la marque-t-on?

R. Avec deux lignes verticales, et deux points de chaque côté [50].

D. Qu'indique la ritournelle simple?

R. Elle fait répéter la partie du côté où sont marqués les points [51].

D. Qu'est-ce que le renvoi?

R. Le renvoi est un *S* oblique, traversé par un trait, qui renvoie au même signe déjà placé.

D. Que résulte-t-il de ce signe?

R. Il oblige de reprendre la musique dans l'endroit où le premier est placé, jusqu'au mot *Fin*, pour revenir ensuite à l'endroit qu'on a laissé, et terminer le chant ou la pièce que l'on exécute.

D. Que signifie le mot *bis?*

R. Il oblige à répéter une période renfermée entre quelques signes.

D. Que signifie le mot *da-capo?*

R. Il oblige de recommencer jusqu'au mot *Fin*.

D. Peut on abréger ce mot?

R. Les lettres *D. C.* représentent le mot entier.

LEÇON DOUZIÈME.

Du Point d'orgue, de la Double barre, et d'autres signes.

D. Qu'est-ce que le point d'orgue?

R. C'est une ligne courbe avec un point au milieu, posée au-dessus de la note ou au-dessous, ou sous une pause, et quelquefois au-dessus ou au-dessous de deux notes dont la seconde doit être trillée.

D. Quel est son effet?

R. Le point d'orgue oblige de s'arrêter sur un temps indiqué et convenu, soit sur la pause, soit sur la note, et laisse à la volonté de l'exécutant la liberté de faire des agréments sur la note qui précède celle du trill [53].

D. Y a-t-il des cas où le point d'orgue n'admet aucun agrément de traits?

R. Il n'admet aucun agrément lorsqu'il est placé sur une note qui termine une phrase musicale.

D. Qu'est-ce que la double barre?

R. Ce sont deux lignes verticales qui traversent la portée, indiquant la fin d'une pièce de musique.

D. Pourquoi sur la double barre met-on quelquefois le mot fin, ou seul ou avec un point d'orgue, quoique la pièce ne soit que commencée?

R. Pour indiquer à l'exécutant, quand il sera renvoyé par quelque signe de renvoi à un autre signe, de poursuivre seulement jusqu'au mot fin [54].

D. Comment appelle-t-on et que signifie une ligne horizontale et inégale, mise sur ou sous une note longue?

R. Elle s'appelle *tremolo*, et fait que le son doit être tremblottant [55].

D. Dans quels endroits l'emploie-t-on?

R. Communément dans les accompagnements de récitatif.

D. Qu'est-ce qu'un guidon?

R. C'est un trait que l'on écrit à la fin d'une ligne, pour indiquer la première note de la ligne qui suit [36].

D. Que signifient les mots octave haute ou octave basse, mis au-dessus ou au-dessous d'un certain nombre de notes?

R. Le mot octave veut dire qu'on exécute les notes une octave plus haute ou une octave plus basse, jusqu'à ce qu'il soit indiqué par le mot *loco* de reprendre le ton indiqué par sa position naturelle.

D. Que produit le chiffre 3 ou 6 lorsque l'un d'eux est placé au-dessus ou au-dessous d'un passage, soit dans la même ligne, soit dans la ligne inférieure?

R. Le chiffre 3, comme le 6, fera que l'exécution sera une tierce ou une sixte au-dessus ou au-dessous, suivant qu'il sera indiqué par le n° 3 ou 6.

D. Que signifie le mot unisson?

R. Ce mot indique aux voix ou aux instruments (qu'ils soient de la même classe ou non) d'exécuter à l'unisson tout le passage qui sera ainsi indiqué.

D. Quand on trouve au bas de la page un V et un S, que signifient ces deux lettres?

R. C'est l'abrégé de *volti subito*.

LEÇON TREIZIÈME.

Des Accidents.

SECTION PREMIÈRE.

D. Que signifie le mot accident ?

R. Les anciens ont donné le nom d'accident au dièse, au bémol et au bécarre, parce qu'ils mettaient rarement ces figures à la clef comme nous faisons, pour indiquer le ton dans lequel on exécute une pièce de musique, et qu'ils les plaçaient à côté des notes, toutes les fois qu'il en était nécessaire, ce que l'on fait encore lorsque l'on change de ton, en modulant.

D. Combien y a-t-il d'accidents ?

R. Il y en a six : le Dièse, le Bémol, le Bécarre, le double Dièse, le Dièse enharmonique et le double Bémol.

D. Comment figure-t-on le dièse ?

R. Avec des petites lignes verticales, traversées de deux lignes horizontales [57].

D. Comment figure-t-on le bémol ?

R. Comme la lettre *b* [58].

D. Comment figure-t-on le bécarre ?

R. Comme un petit carré, avec un trait en haut à l'angle gauche, et un trait en bas à l'angle droit [59].

D. Comment figure-t-on le dièse enharmonique ou le double dièse ?

R. Comme la lettre X; on le marque aussi avec deux dièses [60].

D. Comment figure-t-on le double bémol?

R. Comme deux *bb* [61].

SECTION II.

Du Dièse.

D. Qu'est-ce que le dièse?

R. C'est un signe altératif qui hausse d'un demi-ton l'intonation de la note qui le suit.

D. Qu'est-ce que le bémol?

R. C'est un signe altératif qui baisse d'un demi-ton l'intonation d'une note qui le suit.

D. Qu'est-ce que le bécarre?

R. C'est un signe qui annule l'effet du dièse et du bémol.

D. Quel est l'effet du double dièse?

R. Si le double dièse trouve déjà la note diésée, il ne l'augmente que d'un demi-ton, et s'il la trouve naturelle, il l'augmente de deux demi-tons, ou d'un ton.

D. Quel est l'effet du double bémol?

R. Le double bémol fait l'effet contraire du double dièse.

D. Comment fait-on pour remettre la note au simple dièse ou au simple bémol, après le double dièse et après le double bémol?

R. Pour la remettre au simple dièse, on mettra devant la note un bécarre et un dièse, et pour la remettre au simple bémol, on mettra avant la note un bécarre et un bémol [62].

D. Où place-t-on ces accidents?

R. Entre la clef et la mesure, et avant la note [63].

D. Quand ces accidents sont à la clef, quel effet produisent-ils ?

R. Ils font augmenter ou diminuer le son des notes diésées ou bémolisées dans toute la pièce de musique.

D. Quand l'accident se trouve seulement devant la note, que produit-il ?

R. Il fait augmenter ou diminuer cette note et toutes celles du même nom qui se trouvent dans la même mesure.

D. Si la dernière note de la mesure est diésée ou bémolisée et qu'au commencement de l'autre mesure il se trouve la même note, l'accident conserve-t-il son effet ?

R. Oui ; mais après il n'aura plus aucune force.

SECTION III

Du Placement du Dièse.

D. Combien y a-t-il de dièses ?

R. Il y en a sept.

D. Dans quel ordre les place-t-on ?

R. On les place de quarte en quarte en descendant, ou de quinte en quinte en montant, en commençant par le Fa.

D. Quels sont les autres dièses qui suivent ?

R. Le second dièse est Ut, le troisième le Sol, le quatrième est le Ré, le cinquième le La, le sixième le Si, et le septième et dernier est l'Ut aigu [65].

D. Pourquoi est-il le dernier ?

R. Parce qu'il n'y a que 7 notes.

D. Comment peut-on admettre le dièse enharmonique ?

R. En recommençant, dans le même ordre, par le Fa, une nouvelle série de dièses enharmoniques [66].

SECTION IV.

Du Placement des Bémols.

D. Combien y a-t-il de bémols ?

R. Il y en a sept.

D. Dans quel ordre place-t-on les bémols ?

R. On les place de quarte en quarte en montant, et de quinte en quinte en descendant, en commençant par le Si.

D. Quels sont les autres bémols qui suivent ?

R. Le second est Mi, le troisième La, le quatrième Ré, le cinquième Sol, le sixième Ut, le septième et dernier est Fa [67].

D. Comment emploie-t-on les doubles bémols ?

R. En commençant une nouvelle série de doubles bémols.

LEÇON QUATORZIÈME.

Des Genres, des Intervalles, des Consonnances et des Dissonnances.

SECTION PREMIÈRE.

Des Genres.

D. Qu'entend-on par le mot genre?

R. Les genres, en musique, sont la manière de disposer les sons, pour former un chant.

D. Combien en compte-t-on?

R. Quatre : le diatonique, le chromatique, l'enharmonique, et le genre mixte.

D. Que signifie le mot diatonique?

R. Ce mot, dérivé du grec, signifie aller par échelle ou par ton, et consiste dans la progression des sons par intervalles de ton. On doit observer que l'échelle d'Ut majeur et celle de La mineur ne sont pas seules du genre diatonique. Toute autre échelle semblable à l'une d'elles est du même genre, quoiqu'elle ait plus ou moins d'accidents à la clef.

D. Que signifie le mot chromatique?

R. Ce mot, aussi dérivé du grec, signifie coloré, et consiste dans la progression des sons par demi-ton, que les anciens indiquaient par une lettre ou un autre signe d'une couleur différente, qu'on a remplacé par les accidents.

D. Que signifie le mot enharmonique?

R. Ce mot, de même origine que les deux premiers, signifie serré, parce que sa progression est plus serrée que les autres, procédant par quart de ton dans les demi-tons majeurs, comme Ut dièse et Ré bémol, et par neuvième de ton dans les demi-tons mineurs, comme Si dièse et Ut naturel. Ce genre ne peut se pratiquer sur les instruments où les dièses et les bémols sont parfaitement à l'unisson, comme le Piano, l'Orgue, etc.

D. Comment appelle-t-on le quatrième genre?

R. On l'appelle mixte, parce qu'il participe des trois autres genres.

SECTION II.

Des Intervalles.

D. Qu'entend-on par intervalle?

R. L'intervalle est une distance qui sépare un son d'un autre.

D. Combien y a-t-il de sortes d'intervalles?

R. Deux : l'intervalle conjoint et l'intervalle disjoint.

D. Quels sont les plus petits?

R. Ce sont le comma, le quart de ton, le demi-ton et le ton.

D. En combien de comma divise-t-on le ton majeur et le ton mineur?

R. Le ton majeur se divise en neuf comma, le ton mineur en huit, le demi-ton majeur en cinq, le demi-ton mineur en quatre, et le quart de ton en deux.

D. Comment compose-t-on le ton?

R. On le compose de deux demi-tons, un majeur et un mineur.

D. Qu'entend-on par demi-ton mineur ?

R. Deux notes du même nom. Exemple : Sol naturel, Sol dièse ; Sol naturel, Sol bémol, etc. [Pl. C, 1].

D. Qu'entend-on par demi-ton majeur ?

R. Deux notes d'un nom différent. Exemple : Mi, Fa, Sol, Fa dièse ; La bémol, Sol, etc. [2].

D. De combien de demi-tons est formé l'intervalle d'un ton ?

R. De deux demi-tons, un majeur et l'autre mineur.

D. Donnez-m'en un exemple ?

R. Supposons un ton, comme Ut, Ré ; il sera divisé en deux demi-tons, en passant de l'Ut naturel à l'Ut dièse (demi-ton mineur), et de l'Ut dièse au Ré (demi-ton majeur) [3].

D. Peut-on le diviser d'une autre manière ?

R. Oui ; en passant de l'Ut au Ré bémol (demi-ton majeur), et du Ré bémol au Ré naturel (demi-ton mineur) [4].

D. Y a-t-il une différence de son, de l'Ut dièse au Ré bémol ?

R. Il n'y en a aucune dans les instruments à clavier ; mais dans le chant et les instruments à cordes et à vent, il s'en trouve une très petite et presque insensible [5].

D. Y a-t-il une dénomination particulière qui donne l'idée de ces sons ?

R. Oui ; on les appelle synonymes.

D. Le demi-ton mineur, le demi-ton majeur, et le ton, font-ils partie des intervalles conjoints ?

R. Oui ; tous ceux qui outre-passent la distance d'un ton, comme la Seconde, la Tierce, la Quarte, etc., font partie des intervalles conjoints.

D. Les intervalles sont-ils tous agréables à l'oreille ?

R. Non ; il y en a d'agréables qu'on appelle consonnance, et de désagréables, qu'on appelle dissonnance.

SECTION III.

Du Renversement des Intervalles.

D. Qu'entend-on par renversement ?

R. C'est transporter à l'aigu la note qui est au grave, et au grave la note qui est à l'aigu.

D. Quel est le résultat du renversement ?

R. L'unisson produit l'octave ; le renversement de la seconde produit la septième ; celui de la tierce, la sixte ; celui de la quarte, la quinte ; celui de la sixte, la tierce ; celui de la septième, la seconde ; l'octave, l'unisson.

D. Que produit encore le renversement ?

R. Ce qui est diminué devient augmenté, ce qui est augmenté devient diminué ; ce qui est majeur devient mineur, et ce qui est mineur devient majeur.

SECTION IV.

De la Consonnance et de la Dissonnance.

D. Qu'est-ce que la Consonnance ?

R. Le mot consonnance indique suffisamment un intervalle agréable à l'oreille, composé de deux sons qui, ayant entre eux, quoique différents, une analogie parfaite, semblent être formés d'un seul son, surtout à l'octave, appelée avec raison la reine de toutes les consonnances, composée de deux sons de la même nature.

D. Qu'est-ce que la Dissonnance ?

R. La dissonnance désigne un intervalle désagréable, et consiste en deux sons qui ont une différence sensible ;

cependant les dissonnances sont très utiles, et contri-
buent à la variété de l'harmonie, en rendant plus
agréables les consonnances.

D. Combien compte-t-on de consonnances?

R. Elles sont au nombre de sept, la tierce mineure, la
tierce majeure, la quarte mineure, la quinte majeure,
la sixte mineure, la sixte majeure et l'octave.

D. Combien compte-t-on de dissonnances?

R. Quatorze : les trois secondes, la tierce diminuée, la
quarte diminuée, la quarte majeure, la quinte mineure,
la quinte augmentée, la sixte augmentée, les trois
septièmes et les deux neuvièmes.

LEÇON QUINZIÈME.

Des Secondes, des Tierces, des Quartes, des Quintes, des Sixtes et des Septièmes.

SECTION PREMIÈRE.

D. Combien y a-t-il de Secondes?

R. Trois : la seconde majeure, la seconde mineure, et la seconde augmentée.

D. Comment forme-t-on la seconde majeure?

R. Elle se forme d'un ton, comme Ut, Ré [6].

D. Comment forme-t-on la seconde mineure?

R. D'un demi-ton majeur, comme Mi, Fa [7].

D. Comment forme-t-on la seconde augmentée?

R. D'un ton et d'un demi-ton mineur, comme Ut, Ré dièse [8].

D. Sont-elles consonnantes ou dissonnantes?

R. Elles sont toutes les trois dissonnantes.

D. Combien y a-t-il de sortes de tierces?

R. Trois; la tierce majeure, la tierce mineure, et la tierce diminuée.

D. Comment forme-t-on la tierce majeure?

R. On la forme de deux tons, comme Ut, Mi [9].

D. Comment forme-t-on la tierce mineure?

R. On la forme d'un ton et d'un demi-ton majeur, comme Ré, Fa [10].

D. Comment forme-t-on la tierce diminuée ?

R. On la forme de deux demi-tons majeurs, comme Ré dièse et Fa [11].

D. Sont-elles toutes consonnantes ?

R. Non ; la tierce majeure et la mineure forment la consonnance, et la tierce diminuée la dissonnance.

D. Combien y a-t-il de sortes de quartes ?

R. Trois ; la quarte juste, la quarte augmentée, et la quarte diminuée.

D. Comment forme-t-on la quarte juste ?

R. Elle se forme de deux tons et d'un demi-ton majeur, comme Ut, Fa [12].

D. Comment forme-t-on la quarte augmentée ?

R. Elle se forme de trois tons, comme Fa, Si, qu'on appelle aussi Triton [13].

D. Comment forme-t-on la quarte diminuée ?

R. De deux demi-tons majeurs, et d'un ton, comme Ut dièse et Fa [14].

D. Laquelle de ces quartes est consonnante ou dissonnante ?

R. La quarte juste est consonnante, et la quarte augmentée et la diminuée sont dissonnantes.

D. Combien y a-t-il de sortes de quintes ?

R. Trois, la quinte juste, la quinte augmentée, et la quinte diminuée.

D. Comment forme-t-on la quinte juste ?

R. De trois tons, et d'un demi-ton majeur, comme Ut, Sol [15].

D. Comment forme-t-on la quinte augmentée ?

R. De trois tons, d'un demi-ton majeur, et d'un mineur, comme Ut, Sol dièse [16].

D. Comment forme-t-on la quinte diminuée ?

R. De deux demi-tons majeurs et deux tons, comme Si,
Fa [17].

D. Sont-elles consonnantes ?

R. La quinte juste seule est consonnante, et la quinte
augmentée et la diminuée sont dissonnantes.

D. Combien y a-t-il de sortes de sixtes ?

R. Trois ; la sixte majeure, la sixte mineure, la sixte
augmentée.

D. Comment forme-t-on la sixte majeure ?

R. De quatre tons, et d'un demi-ton majeur, comme Ut,
La [18].

D. Comment forme-t-on la sixte mineure ?

R. De trois tons et de deux demi-tons majeurs, comme
Mi, Ut [19].

D. Comment forme-t-on la sixte augmentée ?

R. De quatre tons, et d'un demi-ton majeur et un mineur, comme Fa, Ré dièse [20].

D. Quelle est la sixte consonnante ou dissonnante ?

R. La sixte majeure et la sixte mineure sont consonnantes, et la sixte augmentée est dissonnante.

D. Combien y a-t-il de septièmes ?

R. Trois : la septième majeure, la septième mineure et la
septième diminuée.

D. Comment forme-t-on la septième majeure ?

R. De cinq tons, et d'un demi-ton majeur, comme Ut,
Si [21].

D. Comment forme-t-on la septième mineure ?

R. De quatre tons, et de deux demi-tons majeurs, comme
Ré, Ut [22].

D. Comment forme-t-on la septième diminuée ?

R. De trois tons, et de trois demi-tons majeurs, comme
Sol dièse, Fa [23].

D. Sont-elles toutes dissonnantes ?

R. Oui.

D. Que vient-il après ces intervalles ?

R. L'octave Ut, Ut [24].

D. Forme-t-elle une consonnance ?

R. Oui.

SECTION II.

De l'Octave.

D. Quelle particularité attribue-t-on à l'Octave ?

R. Comme l'Octave est une répétition de la tonique, elle sert de fin et de commencement à ce même son qu'elle représente.

D. Quel autre avantage lui attribue-t-on ?

R. Celui de pouvoir servir seule de complément à tous les intervalles.

D. Que signifie le renversement de l'Octave ?

R. En supposant une tierce Ut, Mi, son renversement sera une sixte Mi, Ut [25].

D. En changeant de nom l'intervalle, change-t-on encore ses dénominations de Majeur, de Mineur, d'Augmenté et de Diminué ?

R. Oui ; tous les intervalles majeurs, dans le renversement deviennent mineurs ; *et vice versâ*, les mineurs deviennent majeurs ; les intervalles augmentés deviennent diminués, *et vice versâ*, les diminués deviennent augmentés.

D. Que produira, dans son renversement, une seconde mineure, comme Ut, Ré bémol ?

R. Elle produira une septième majeure, comme Ré bémol, Ut [26].

D. Une seconde majeure, comme Ut, Ré ?

R. Une septième mineure, comme Ré, Ut [27].

D. Une seconde augmentée, comme Ut, Ré dièse?

R. Une septième diminuée, comme Ré dièse, Ut [28].

D. Une tierce majeure, comme Ut, Mi?

R. Une sixte mineure, comme Mi, Ut [29].

D. Une tierce mineure, comme Ut, Mi bémol?

R. Une sixte majeure, comme Mi bémol, Ut [30].

D. Une tierce diminuée, comme Ut dièse, Mi bémol?

R. Une sixte augmentée, comme Mi bémol, Ut dièse [31].

D. Une quarte juste, comme Ut, Fa?

R. Une quinte juste, comme Fa, Ut [32].

D. Une quarte augmentée, comme Ut, Fa dièse?

R. Une quinte diminuée, comme Fa dièse, Ut [33].

D. Une quarte diminuée, comme Ut dièse, Fa?

R. Une quinte augmentée, comme Fa, Ut dièse [34].

D. Une quinte juste, comme Ut, Sol?

R. Une quarte juste, comme Sol, Ut [35].

D. Une quinte augmentée, comme Ut, Sol dièse?

R. Une quarte diminuée, comme Sol dièse, Ut [36].

D. Une quinte diminuée, comme Ut, Sol bémol?

R. Une quatrième augmentée, comme Sol bémol, Ut [37].

D. Une sixte majeure, comme Ut, La?

R. Une tierce mineure, comme La, Ut [38].

D. Une sixte mineure, comme Ut, La bémol?

R. Une tierce majeure, comme La bémol, Ut [39].

D. Une sixte augmentée, comme Ut, La dièse?

R. Une tierce diminuée, comme La dièse, Ut [40].

D. Une septième majeure, comme Ut, Si?

R. Une seconde mineure, comme Si, Ut [41].

D. Une septième mineure, comme Ut, Si bémol?

R. Une seconde majeure, comme Si bémol, Ut [42].

D. Une septième diminuée, comme Ut dièse, Si bémol?

R. Une seconde augmentée, comme Si bémol, Ut dièse [43].

D. Que produit l'Octave?

R. L'unisson [44].

D. Qu'est-ce que l'unisson?

R. C'est l'union de deux sons qui ne diffèrent pas l'un de l'autre.

SECTION III.

De la Désignation des Intervalles.

D. Comment désigne-t-on les intervalles?

R. Ils sont simples ou composés, s'ils sont formés des sons de la gamme diatonique, sans dépasser l'étendue d'une octave; ils sont redoublés, s'ils dépassent l'étendue d'une octave, et s'ils ne sont que la répétition des intervalles simples; ils sont inaltérés dans les consonnances parfaites, telles que la quinte, la quarte et l'octave.

D. A quoi reconnaît-on l'intervalle majeur et l'intervalle mineur?

R. L'intervalle majeur est en général plus fort d'un demi-ton que le mineur; ce dernier est plus faible d'un demi-ton que le majeur.

D. A quoi reconnaît-on l'intervalle augmenté et l'intervalle diminué?

R. L'intervalle augmenté excède d'un demi-ton l'intervalle majeur, et l'intervalle diminué est moindre d'un demi-ton que l'intervalle mineur.

D. A quoi connaît-on l'intervalle enharmonique?

R. L'intervalle enharmonique est tantôt plus fort d'un quart et demi de ton que l'intervalle augmenté, et tantôt plus faible de la même quantité que l'intervalle diminué.

SECTION IV.

Intervalles peu usités.

D. Y a-t-il d'autres intervalles que les précédents ?

R. Oui.

D. Quels sont-ils ?

R. Ce sont le demi-ton mineur, comme Ut, Ut dièse [45];
la tierce augmentée, comme Ut, Mi dièse [id.]; la
quarte plus qu'augmentée, comme Ut bémol et Fa
dièse [id.]; la quinte plus qu'augmentée, comme Ut
bémol et Sol dièse [id.]; la sixte diminuée, comme
Ut dièse et La bémol [id.]; la septième augmentée,
comme Ut, Si dièse [id.]; l'octave diminuée, comme
Ut, Ut bémol [id.]; et l'octave augmentée, comme Ut,
Ut dièse [id.].

D. Pourquoi ne trouve-t-on pas ces intervalles dans le
nombre des précédents ?

R. Parce qu'ils ne dérivent pas de la formation des accords, et servent seulement, mais bien rarement, dans
la mélodie.

D. Y a-t-il d'autres intervalles sur l'octave ?

R. Oui ; comme la neuvième, octave de la seconde ; la
dixième, octave de la tierce ; la onzième, octave de la
quarte, et de même en parcourant jusqu'aux octaves
doubles, triples, etc.

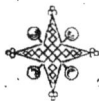

LEÇON SEIZIÈME.

Du Ton et du Mode.

SECTION PREMIÈRE.

D. De combien de manières désigne-t-on le ton ?

R. De deux manières ; ton pour intervalle, comme Ut, Ré ; et ton pour désigner la tonique ou la note du ton, dans une pièce de musique.

D. Est-il nécessaire, dans ces deux cas, d'employer indistinctement le mot ton ?

R. Non ; pour parler avec plus de précision, on dira : ton un intervalle, composé de deux sons qui se suivent, et note tonique le ton qui détermine et modifie les degrés de l'échelle.

D. Combien y a-t-il de sortes de modes ?

R. Deux ; un majeur et un mineur.

D. Comment établit-on l'échelle du mode majeur ?

R. Supposons Ut premier son :
De l'Ut à la seconde majeure Ré, il y a un ton ;
Du Ré à la tierce majeure Mi, un ton ;
Du Mi à la quarte juste Fa, un demi-ton majeur ;
Du Fa à la quinte juste Sol, un ton ;
Du Sol à la sixte majeure La, un ton ;
Du La à la septième majeure Si, un ton ;
Du Si à l'octave Ut, un demi-ton majeur [46].

D. Quelle dénomination donne-t-on à cette échelle ?

R. Echelle diatonique.

D. Peut-on former d'après cette gamme toutes celles qui sont diésées ou bémolisées, du mode majeur ?

R. Oui ; toutes les gammes diésées ou bémolisées sont composées, ainsi que celle d'Ut majeur, de cinq tons et deux demi-tons majeurs.

D. Combien contiennent-elles de demi-tons ?

R. Douze.

D. Comment forme-t-on l'échelle du mode mineur ?

R. De la même manière que celle du mode majeur.

D. Donnez-nous-en un exemple.

R. Supposons le La premier son :
Du La à la seconde majeure Si, il y a un ton ;
Du Si à la tierce mineure Ut, un demi-ton ;
De l'Ut à la quarte juste Ré, un ton ;
Du Ré à le quinte juste Mi, un ton ;
Du Mi à la sixte mineure Fa, un demi-ton majeur.
Du Fa à la septième mineure Sol, un ton ;
Du Sol à l'octave La, un ton [47].

D. Y a-t-il des cas où cette échelle soit sujette à quelque altération ?

R. Oui ; la septième devient indispensablement majeure, en l'altérant avec un dièse ou un bécarre, toutes les fois qu'elle montera à l'octave [48] ; de même, la sixte, lorsqu'elle se porte sur la septième majeure, et que la gamme va en montant, devient naturellement majeure, en l'altérant avec un dièse ou un bécarre [49].

D. Quels sont les intervalles qui caractérisent le mode majeur ?

R. Ce sont la tierce et la sixte majeure.

D. Quels sont les intervalles qui caractérisent le mode mineur ?

R. Ce sont la tierce et la sixte mineure.

SECTION II.

Des bases des Modes.

D. Ces deux sortes de modes, basés sur l'Ut et sur le La, ci-dessus démontrés, peuvent-ils se baser sur d'autres sons ?

R. Oui ; ils peuvent se baser non-seulement sur les sept notes naturelles, mais encore sur celles altérées par le dièse et par le bémol.

D. Quelles sont la quantité et la qualité des tons ?

R. On en compte quarante-deux ; mais il y en a vingt-un plus usités, qu'on peut doubler, tripler, quadrupler, etc., selon l'extension des voix et des instruments [50].

D. Lorsque l'on trouve parmi ces sons plusieurs synonymes, ne pourrait-on pas en rectifier ou en diminuer le nombre ?

R. Oui ; on peut les réduire au nombre de 24 ou 26, parmi les majeurs et les mineurs, pour éviter le trop grand nombre de dièses et de bémols à la clef.

D. Quels sont les moyens adoptés ?

R. Ce sont Ut, Ut dièse, Ré bémol, Ré, Mi bémol, Mi, Fa, Fa dièse, Sol bémol, Sol, La bémol, La, Si bémol, Si, lesquels servant autant au mode majeur qu'au mode mineur, sont au nombre de 24 ou 26 [51].

D. Comment appelle-t-on cette progression ascendante de demi-tons ?

R. Echelle chromatique.

D. Appartient-elle à un des deux modes ?

R. Non ; mais étant faite de suite, elle trouve place dans un mode ou harmonie quelconque.

D. Comment appelle-t-on la base ou la première note du ton ?

R. Tonique.

D. Comment appelle-t-on la septième majeure du ton ?

R. Note sensible.

D. Comment détermine-t-on la base des susdits tons ?

R. Par le moyen de dièses ou de bémols à la clef.

SECTION III.

Du Mode majeur.

D. Comment reconnaît-on l'échelle d'Ut majeur ?

R. Par la raison qu'on ne trouve aucun accident à la clef.

D. Pourquoi n'y a-t-il pas d'accident ?

R. Parce que l'échelle d'Ut majeur, Ut, Ré, Mi, Fa, Sol, La, Si, est par elle-même modifiée selon la règle du mode majeur.

D. Quelle est l'échelle qui sert au ton mineur La ?

R. C'est la même de l'Ut majeur, d'après lequel le La mineur s'appelle relatif d'Ut.

D. Comment distingue-t-on le mode mineur relatif, du mode majeur ?

R. En descendant d'une tierce mineure, par la tonique du ton majeur.

SECTION IV.

Du Ton avec Dièse.

D. Y a-t-il une règle pour reconnaître les tons avec dièses ?

R. Oui ; la règle certaine est que le dernier dièse est indispensablement sur la note sensible, par laquelle

l'octave ou la tonique, qu'on trouve immédiatement à
la distance d'un demi-ton majeur, donne le nom au ton.

D. Quel ton produit le premier dièse à la clef?

R. Le ton majeur Sol, dont l'échelle est Sol, La, Si, Ut,
Ré, Mi, Fa dièse, Sol [52].

D. Quel est le relatif de Sol?

R. Mi mineur.

D. Que produisent deux dièses à la clef?

R. Le ton majeur Ré, dont l'échelle est Ré, Mi, Fa dièse,
Sol, La, Si, Ut dièse, Ré [53].

D. Quel est le relatif de Ré?

R. Si mineur.

D. Que produisent trois dièses à la clef?

R. Le ton majeur La, dont l'échelle est La, Si, Ut
dièse, Ré, Mi, Fa dièse, Sol dièse, La [54].

D. Quel est le relatif de La?

R. Fa dièse mineur.

D. Que produisent quatre dièses à la clef?

R Le ton majeur Mi, dont l'échelle est Mi, Fa dièse, Sol
dièse, La, Si, Ut dièse, Ré dièse, Mi [55].

D. Quel est le relatif de Mi?

R. Ut dièse mineur.

D. Que produisent cinq dièses à la clef?

R. Le ton majeur Si, dont l'échelle est Si, Ut dièse, Ré
dièse, Mi, Fa dièse, Sol dièse, La dièse, Si [56].

D. Quel est le relatif de Si?

R. Sol dièse mineur.

D. Que produisent six dièses à la clef?

R. Le ton majeur Fa dièse, dont l'échelle est Fa dièse,
Sol dièse, La dièse, Si, Ut dièse, Ré dièse, Mi dièse,
Fa dièse [57].

D. Quel est le relatif de Fa dièse?

R. Ré dièse mineur.

D. Y a-t-il un autre ton qui ait le même nombre d'accidents à la clef.

R. Oui; il y a le ton de Sol bémol, synonyme du Fa dièse, qui en place six bémols.

D. Quelle est son échelle ?

R. Sol bémol, La bémol, Si bémol, Ut bémol, Ré bémol, Mi bémol, Fa , Sol bémol [58].

D. Quel est le relatif de Sol bémol?

R. Mi bémol mineur, synonyme de Ré dièse mineur.

D. Lequel de ces deux tons mineurs a-t-on adopté?

R. Le Mi bémol mineur.

D. Pourquoi n'a-t-on pas aussi adopté le Ré dièse mineur?

R. Parce que l'exécution en est très-difficile, en raison des dièses simples et doubles qni se trouvent sur les notes altérées.

D. Les deux majeurs, Sol bémol et Fa dièse, sont-ils tous les deux adoptés?

R. Tous les deux sont adoptés, parce que, comme il a été dit, ils ont le même nombre d'accidents à la clef.

D. Que produisent sept dièses à la clef?

R. Le ton majeur Ut dièse, dont l'échelle est toute diésée [59].

D. Est-il adopté de préférence à son synonyme Ré bémol?

R. Non; parce que l'Ut dièse a toutes les sept notes diésées, et que le Ré bémol n'en a que cinq de bémolisées.

D. Quelle est l'échelle de Ré bémol ?

R. Ré bémol, Mi bémol, Fa, Sol bémol, La bémol, Si bémol, Ut, Ré bémol [60].

D. Quel est le relatif d'Ut dièse ?

R. La dièse mineur.

D. Quel est le relatif de Ré bémol?

R. Si bémol mineur.

D. Lequel de ces deux relatifs n'a pas été adopté?

R. Le La dièse, par la raison précitée.

SECTION V.

Du Ton avec Bémols.

D. Y a-t-il une règle pour connaître les tons avec des bémols?

R. La règle certaine est que le dernier bémol est indispensablement sur la quarte juste, d'après laquelle la quarte au-dessous de ce même bémol donne le nom au ton.

D. Que produisent six bémols à la clef?

R. Le ton majeur, Sol bémol.

D. Quel est le relatif de ce ton?

R. Mi bémol mineur.

D. Que produisent cinq bémols à la clef?

R. Le ton majeur Ré bémol.

D. Quel est le relatif de ce ton?

R. Si bémol mineur.

D. Que produisent quatre bémols à la clef?

R. Le ton majeur de La bémol, dont l'échelle est La bémol, Si bémol, Ut, Ré bémol, Mi bémol, Fa, Sol, La bémol [61].

D. Quel est le relatif de ce ton?

R. Fa mineur.

D. Que produisent trois bémols à la clef?

R. Le ton majeur de Mi bémol, dont l'échelle est Mi bémol, Fa, Sol, La bémol, Si bémol, Ut, Ré, Mi bémol [62].

D. Quel est le relatif de ce ton ?

R. Ut mineur.

D. Que produisent deux bémols à la clef ?

R. Le ton majeur de Si bémol, dont l'échelle est Si bémol, Ut, Ré, Mi bémol, Fa, Sol, La, Si bémol [63].

D. Quel est le relatif de ce ton ?

R. Sol mineur.

D. Que produit le premier bémol à la clef ?

R. Le ton majeur de Fa, dont l'échelle est Fa, Sol, La,
Si bémol, Ut, Ré, Mi, Fa [64].

D. Quel est le relatif de ce ton ?

R. Ré mineur.

SECTION VI.

Accord de Tonique.

D. De quoi se compose l'accord de tonique du mode
majeur ?

R. De deux tierces conjointes, dont la première est majeure, et l'autre mineure, comme Ut, Mi, Sol [65].

D. De quoi se compose l'accord du tonique du mode mineur ?

R. De deux tierces conjointes, dont la première est mineure, et l'autre majeure, comme La, Ut, Mi [66].

D. Peut-on donner à la tonique deux tierces mineures,
ou une mineure et une diminuée combinées réciproque-
ment entre elles ?

R. Non ; parce que toute autre combinaison de tierces
produirait un accord dissonnant ; ce qui ne serait pas
supportable pour un accord qui sert de commencement
et de fin à un morceau de musique.

D. Comment distingue-t-on le mode majeur de son relatif mineur, puisqu'il n'y a aucune différence dans les
   accidents de la clef?

R. On le reconnaît, premièrement, en observant si dans
   le chant, ou la mélodie, ou l'harmonie, on trouve les
   notes caractéristiques du mode, c'est-à-dire la tierce et
   la sixte majeure ou mineure, et si la note sensible est
   ou n'est pas altérée accidentellement.

D. Pouvez-vous en donner un exemple?

R. Oui; les notes Ut, Mi, Sol, Fa, Mi, Ut, La, Si, Ut,
   sont le mode d'Ut majeur, parce que les trois premières
   notes sont les mêmes qui forment l'accord de la tonique, et les autres suivantes sont toutes de l'échelle majeure d'Ut, quoique la dernière note soit la tonique
   même [67].

D. Donnez un exemple dans le mode mineur.

R. Le voici : Ut, La, Mi, Sol dièse, La, Fa, Ré, Mi, Ut,
   Ré, Si, Mi, La. Quoique la première note soit Ut, on
   observera que de l'Ut au La, en descendant, il y a
   précisément cette tierce mineure que l'on recherche,
   ainsi que la note sensible dans le Sol dièse, la sixte
   mineure dans le Fa, et la dernière note La; tous ces
   indices caractérisent le mode mineur La [68].

D. Quel mode produiront Ut, Fa, Ré, Si bémol, Sol,
   Mi, Ut?

R. Le mode majeur Fa, parce que les deux premières
   notes forment une partie de l'accord de la tonique;
   la sixte qui suit est mineure, et tous les autres sons
   appartiennent à l'échelle de Ré mineur [70].

D. Y a-t-il des cas où il manque à la clef quelqu'un des
   accidents qui appartiennent au mode?

R. Oui; généralement dans la musique ancienne le dernier bémol manque, ainsi que l'avant-dernier dièse, dans les modes mineurs, comme d'autres accidents dans les modes majeurs.

D. En ce cas, comment peut-on reconnaître le mode établi?

R. On pourra toujours le reconnaître en raison des notes qui composent l'accord de la tonique, des notes sensibles, et des notes caractéristiques du mode.

SECTION VII.

Moyen pour passer d'un Ton majeur en un Ton mineur, et d'un Ton mineur en un Ton majeur.

D. Comment passe-t-on d'un ton majeur au ton mineur, avec des bémols à la clef?

R. En diminuant d'un demi-ton majeur la tierce, la sixte et la septième.

D. Donnez-m'en un exemple.

R. Supposons Ut majeur [71]; pour passer de ce mode en Ut mineur, on diminue la tierce, qui est Mi; la sixte qui est La, et la Septième, qui est Si, en ajoutant à chacune de ces trois dernières notes un bémol; ces trois notes bémolisées constituent le mode d'Ut mineur [72].

D. Comment passe-t-on du mode Ut mineur en Ut majeur?

R. En augmentant d'un demi-ton mineur la tierce, la sixte et la septième.

D. Donnez-m'en un exemple.

R. Supposons Ut mineur [73]; pour passer de ce mode en Ut majeur, on augmente la tierce, qui est Mi; la sixte, qui est La; la septième, qui est Si, en substituant à chacune de ces trois notes un bécarre : ces

trois notes devenant naturelles, constituent le mode
d'Ut majeur.

D. Comment passe-t-on du La majeur avec des dièses à
la clef en La mineur ?

R. En diminuant d'un demi-ton majeur la tierce, la sixte
et la septième [74].

D. Donnez-m'en un exemple.

R. Supposons La majeur avec des dièses [75]; pour
passer de ce mode en La mineur, on diminue la tierce,
qui est Ut; la sixte, qui est Fa, et la septième, qui est
Sol, en substituant à ces trois notes diésées un bécarre :
ces trois notes devenant naturelles, constituent le mode
de La mineur [76].

D. Comment passe-t-on du La mineur en La majeur ?

R. En augmentant d'un demi-ton mineur la tierce, la
sixte et la septième.

D. Donnez-m'en un exemple.

R. Supposons La mineur [77]; pour passer de ce mode
en La majeur, on augmente la tierce, qui est Ut; la
sixte, qui est Fa; la septième, qui est Sol, en substituant à chacune de ces trois notes un dièse : ces notes
étant diésées, constituent le mode de La majeur [78].

D. Comment place-t-on les bémols et les dièses ?

R. Selon l'ordre établi pour ces accidents.

D. Opère-t-on de même pour les autres modes ?

R. Oui ; c'est la même marche pour tous.

D. N'y a-t-il pas d'autres moyens pour passer d'un mode
majeur à son mode mineur, et d'un mode mineur à son
mode majeur ?

R. Pour passer d'un ton mineur avec des dièses à son
ton majeur, il faut ajouter trois dièses à ceux qui sont
à la clef.

D. Pour passer d'un ton majeur, avec des dièses à la clef, à son ton mineur, que faut-il faire ?

R. Il faut retrancher trois dièses à ceux qui sont à la clef.

D. Mais s'il n'y a que deux dièses, comment fera t-on ?

R. On les retranchera et on mettra à la place un bémol qui donnera le ton de Ré mineur.

D. Comment change-t-on le mineur en majeur avec des bémols ?

R. On ajoute à la clef trois bémols à ceux qui y sont déjà.

D. Comment passe-t-on du mineur au majeur ?

R. On retranche trois bémols à la clef, mais lorsqu'il n'y en a que deux, on les retranche et on ajoute un dièse, comme le Sol mineur avec deux bémols revient majeur avec un dièse.

LEÇON DIX-SEPTIÈME.

De la Transposition.

D. Qu'est-ce que la transposition ?

R. La transposition consiste à écrire et à lire un morceau
dans un autre ton que celui dans lequel il est écrit, ou
sur une autre clef, et quelquefois dans un autre ton et
sur une autre clef en même temps.

D. Pour transposer de clef de soprano en clef de Sol,
comment fait-on ?

R. De clef de soprano en clef de Sol, on lit et l'on joue
toutes les notes une tierce plus haut.

D. Comment s'opère la transposition de clef de soprano
en clef de Sol ?

R. On lit toutes les notes un degré plus haut, et on les
joue une octave plus bas.

D. Comment s'opère la transposition de la même clef en
clef de Fa ?

R. On lit toutes les notes une quarte plus bas, et on les
joue une octave plus haut.

D. Comment s'opère la transposition d'un ton dans un
autre ?

R. On place à la clef les dièses et les bémols qui appartiennent au nouveau ton, et on lit et on écrit la musique plus haut ou plus bas, d'après le nouveau ton.

D. La connaissance de la transposition est-elle nécessaire ?

R. Elle est nécessaire au chanteur, et surtout à l'accom-
pagnateur, afin de pouvoir proportionner un air à la
voix du chanteur.

LEÇON DIX-HUITIÈME.

Des Accents de Musique.

SECTION PREMIÈRE.

D. Qu'entend-on par accent musical ?

R. C'est le rhythme qui règle le nombre, la cadence et la mesure d'une phrase entière ou la période, les diverses parties d'une période, réglées par les temps forts et les temps faibles de la mesure ; et ensuite le crescendo, le diminuendo, le lié, le détaché, le rallentando et l'accelerando, le forte et le piano, enfin tout ce qui peut donner couleur à la phrase.

D. Quels sont les termes qui indiquent la plus grande ou la moindre force ?

R. Le forte, le fortissimo ; le piano, le pianissimo.

D. Où les place-t-on ?

R. Au-dessus ou au-dessous de la portée, en abrégeant les termes, et en mettant un F pour le forte, deux FF pour le fortissimo, un P pour le piano, deux PP pour le pianissimo.

D. Quels sont les termes intermédiaires du forte et du piano ?

R. Ce sont le mezzo-forte ou à mezza-voce, le dolce et le sottovoce.

D. Quels sont les extrêmes du fortissimo et du pianissimo?

R. Ce sont le sforzato et le mancando, ou, au lieu de ce dernier mot, le perdendosi ou le morendo, qu'on peut aussi abréger.

D. Où place-t-on le rinforzando ou le crescendo ?

R. Après le mot piano.

D. Où place-t-on le diminuendo ou le smorzando?

R. Après le mot forte.

D. Y a-t-il des signes pour indiquer le crescendo et le diminuendo?

R. Oui ; deux lignes partant du même point et s'allongeant un peu dans une direction opposée, marquent le crescendo. On marque le diminuendo par deux lignes distantes l'une de l'autre et se réunissant en un seul point [79].

D. Quel effet produisent les signes du crescendo et du diminuendo réunis ?

R. Lorsque les deux signes réunis se trouvent sous un passage, on doit commencer piano, en augmentant graduellement le son jusqu'au forte ; ensuite en le diminuant insensiblement jusqu'au piano [80].

D. Que résulte-t-il du signe qui indique le diminuendo?

R. On commence forte ou mezzo-forte, en diminuant jusqu'au piano.

SECTION II.

De la Liaison.

D. Quel effet produit la liaison placée dessus ou dessous deux, trois, quatre ou plusieurs notes ?

R. Non-seulement elle fait lier un son avec un autre, mais elle veut que le premier son des notes liées soit appuyé et plus senti que les autres.

D. Comment exécutera-t-on deux notes liées, comme Ré, Ut ?

R. Le Ré devra être plus senti que l'Ut, afin de produire le même effet que l'appogiatura [81].

D. Comment exécutera-t-on trois notes liées, comme Mi, Ré, Ut?

R. On appuyera davantage sur la première note qui est Mi, et qui doit être plus sentie que Ré, Ut [82].

D. Comment exécutera-t-on quatre notes liées, comme Fa, Mi, Ré, Ut?

R. On devra appuyer davantage sur la première note et moins sur les autres [83].

D. Quelle sera l'exécution d'une succession de notes ascendantes, comme Ut, Ré, Mi, Fa, Sol, La, Si, Ut?

R. On commencera par piano ou par forte, mais toujours rinforzando [84].

D. Quelle sera l'exécution inverse, comme Ut, Si, La, Sol, Fa, Mi, Ré, Ut?

R. On commencera par forte ou par piano, mais toujours diminuendo.

D. Quand un chant est mêlé d'intervalles éloignés, en bas ou en haut, comment doit-il être exécuté?

R. En renforçant et en diminuant le son, suivant que le chant sera plus ou moins aigu [85].

D. Cette manière d'exécuter est-elle invariable?

R. Non; mais étant inhérente au caractère de la mélodie, on ne devra s'en éloigner que lorsque le compositeur l'indiquera différemment, ou que l'exécutant expérimenté croira pouvoir le faire.

SECTION III.

Du Point allongé et du Point simple.

D. Quel est l'effet du point allongé qui se trouve au-dessus de la note?

R. La note ainsi pointée doit être jouée sèche et détachée, de manière qu'il se passe pour ainsi dire un très-petit intervalle d'un son à l'autre [86].

D. Quel est l'effet du point ordinaire, placé au-dessus ou au-dessous des notes?

R. Il produit le même effet que le point allongé, mais un peu moins sec.

D. Quel est l'effet de plusieurs notes liées et pointées en même temps?

R. L'exécution tiendra le milieu entre le lié et le pointé [87].

SECTION IV.

Du Rallentando et de l'Accelerando.

D. Comment exécute-t-on le rallentando?

R. En ralentissant graduellement la mesure, ce qui arrive le plus souvent en reprenant le motif ou quelque passage gracieux.

D. Comment exécute-t-on l'accelerando?

R. En accélérant et en pressant la mesure, ce qui a lieu dans les passages de force et passionnés.

LEÇON DIX-NEUVIÈME.

Des Termes qui indiquent le Mouvement.

SECTION PREMIÈRE.

D. Qu'est-ce que le mouvement?

R. C'est le degré de lenteur ou de vitesse que l'on donne à la mesure.

D. Y a-t-il un moyen pour connaître le degré de lenteur ou de vitesse?

R. Oui : Maelzel a inventé un instrument appelé Métronome. Le mouvement lent ou vif à tous les degrés, imprimé à un balancier, correspond à des chiffres appliqués aux diverses valeurs des notes.

D. Quels sont les termes qui indiquent le mouvement de la musique?

R. Ce sont le Largo, le Grave, le Larghetto, l'Adagio, l'Andantino, il Tempo giusto, Tempo di minuetto, l'Andante, l'Allegretto, l'Allegro, le Presto et le Prestissimo.

D. Quels sont le mouvement et le caractère du largo?

R. Le largo est le mouvement le plus lent et le plus convenable au pathétique.

D. Quels sont le mouvement et le caractère du grave?

R. Le grave ne diffère point du largo, mais il exige une plus grande gravité dans l'exécution.

D. Quels sont le mouvement et le caractère du larghetto?

R. Le larghetto a un mouvement intermédiaire entre le largo et l'adagio, et demande une exécution moins sévère que le largo.

D. Quels sont le mouvement et le caractère de l'adagio?

R. L'adagio a un mouvement intermédiaire entre le larghetto et l'andantino, et convient aux sentiments affectueux et pathétiques.

D. Quels sont le mouvement et le caractère de l'andantino?

R. L'andantino a un mouvement intermédiaire entre l'adagio et l'andante, et convient à une exécution gracieuse et élégante.

D. Quels sont le mouvement et le caractère du tempo giusto?

R. Le tempo giusto est un mouvement dont une grande pratique peut seule nous donner une juste idée.

D. Quels sont le mouvement et le caractère du tempo di minuetto?

R. Le tempo di minuetto est un mouvement plutôt andante dans les ballets, et plus vif dans la musique instrumentale.

D. Quels sont le mouvement et le caractère de l'andante?

R. L'andante a un mouvement intermédiaire entre l'andantino et l'allegretto, et convient à une exécution agréable et marquée.

D. Quels sont le mouvement et le caractère de l'allegretto?

R. L'allegretto a un mouvement intermédiaire entre l'andante et l'allegro, et doit avoir une vivacité modérée.

D. Quels sont le mouvement et le caractère de l'allegro?

R. L'allegro a un mouvement intermédiaire entre l'alle-

gro et le presto, et convient non-seulement au genre
vif et gai, mais encore au genre passionné.

D. Quels sont le mouvement et le caractère du presto?

R. Le presto a un mouvement intermédiaire entre l'allegro et le prestissimo, convenable à une exécution rapide
et animée.

D. Quels sont le mouvement et le caractère du prestissimo?

R. Le prestissimo est le mouvement le plus vif, propre à
une exécution impétueuse et forte.

SECTION II.

Des Termes qui modifient le Mouvement.

D. Quels sont les termes qui modifient le mouvement?

R. Ce sont le Sostenuto, le Maestoso, l'Affettuoso, l'Amoroso, le Grazioso, le Cantabile, l'Espressivo, le Moderato, l'Agitato, le Brioso, le Vivace, etc.

D. Qu'est-ce que le sostenuto?

R. C'est un mot ajouté au largo et à l'adagio, qui indique
une exécution solide et décidée.

D. Le maestoso?

R. C'est un terme qui se trouve souvent seul, et d'autres
fois ajouté à l'adagio et à l'allegro; dans les deux cas,
il donne un caractère de grandeur.

D. L'affettuoso?

R. Ordinairement on l'ajoute à l'andante, et il demande
une expression douce et mélancolique.

D. L'amoroso?

R. On l'ajoute à l'andante et à l'andantino; il donne à
l'exécution le sentiment de l'affettuoso.

D. Le grazioso?

R. On l'ajoute communément à l'andante; il annonce un caractère léger, élégant et sans précipitation.

D. Le cantabile?

R. C'est un mot que l'on trouve seul, et qui veut une exécution simple et expressive.

D. Où le place-t-on?

R. Il se trouve tantôt au commencement, tantôt dans le cours de la composition; indiquant toujours un caractère particulier de chaleur et de sensibilité.

D. Où place-t-on le moderato?

R. On le met le plus souvent avec l'allegro, dont il tempère la vivacité.

D. L'agitato?

R. C'est un mot ajouté à l'allegro, à qui il enlève le caractère gai, pour lui donner celui de l'agitation.

D. Le brioso ou con brio?

R. On l'ajoute à l'allegro, pour le rendre plus gai et plus déterminé.

D. Le vivace?

R. Il se trouve quelquefois seul ou ajouté à l'allegro, pour rendre l'exécution plus brillante et plus légère.

D. Que produit le con moto?

R. Il ajoute un degré de rapidité au mot qui le précède, et rend l'exécution plus vive et plus accentuée.

D. Où se place l'assai?

R. On l'ajoute au presto, à l'allegro et au largo.

D. Que produit le mot comodo?

R. Il ôte une certaine vivacité qui appartient à l'allegro auquel il est ajouté.

D. N'y a-t-il pas d'autres termes?

R. Les compositeurs en emploient un grand nombre

qu'on ajoute aux principaux, et qui modifient le mouvement. En voici une note avec une explication suc-
cincte :

Giocoso, avec gaîté ; furioso, avec impétuosité ; lamenta-
bile ou lacrimoso, plaintif ; languido, avec langueur ;
marcato, bien marqué ; mesto, tristement ; a piacere,
à volonté ; piacevole, d'une manière agréable ; semplice,
d'une manière simple ; risoluto, d'une manière résolue ;
spiritoso, avec esprit ; strigendo, aller plus vite peu à
peu ; smanioso, d'une manière furieuse ; vigoroso, avec
vigueur, etc.

D. N'y a-t-il pas d'autres termes pour caractériser la
musique ?

R. On trouve quelquefois le mot Pastorale, air dans le
genre pastoral ; Siciliano, mélodie sicilienne ; Nottur-
no, air chanté dans les sérénades. On emploie aussi
des termes synonymes : comme smorzando ou slen-
tando, diminuer le son ; decrescendo ou diminuendo,
diminuer de force, etc.

FIN DE LA GRAMMAIRE MUSICALE.

MÉTHODE THÉORIQUE

DE CHANT,

PAR

MANFREDINI,

Traduite de l'italien.

MÉTHODE THÉORIQUE
DE CHANT,
PAR MANFREDINI.

CHAPITRE PREMIER.

De l'Expression.

L'expression naît de la sensibilité : c'est un don que l'homme reçoit de la nature ; si elle le lui refuse, il ne pourra jamais l'obtenir. L'art cherche à l'imiter ; mais il ne parviendra pas à l'enseigner : il en est du musicien comme du poète. Un homme froid peut devenir un habile musicien, mais son ame sera toujours muette et ne peindra qu'un sentiment factice. Celui qui a reçu les faveurs de la nature ne doit pas s'abandonner à toute sa sensibilité ; il faut savoir la diriger, afin de ne pas outre-passer les limites prescrites.

De la vraie manière d'apprendre et d'enseigner le Chant.

L'exécution du Chant est certainement plus facile que celle des instruments, car la voix n'exige pas une si longue étude.

Cependant, malgré cette facilité, il est incroyable de voir un si petit nombre de chanteurs vraiment habiles, tandis que l'on trouve tant d'habiles joueurs. Quelle en

est la cause? La nature n'est pas assez généreuse pour
accorder à un seul sujet tous les dons nécessaires. Souvent le chanteur, doué d'une belle voix, manque de manières, d'expression, de moyens et d'ame.

Lorsque le maître découvre dans un élève une grande
disposition, une oreille juste et une belle voix, il doit alors
examiner avec soin si c'est une voix de soprano ou de
contralto, de ténor ou de basse, et de combien de cordes
elle est formée. Il commencera à le faire chanter sur la
clef qui lui est plus commode et plus naturelle. Dans les
premières leçons, il doit lui faire exécuter itérativement
une certaine échelle que j'appelle figurée, composée de
notes diverses qui, par leur variété, n'ennuient point et
servent beaucoup à apprendre les temps, à délier et à
éclaircir la voix. Il doit le faire vocaliser sur les voyelles
A, E ou O; ce serait encore bien fait d'employer la
voyelle I et U, pour l'accoutumer à les exécuter toutes
avec facilité et pureté, comme font le petit nombre de
musiciens qui savent vraiment chanter. Le maître ne doit
pas enseigner aux élèves l'intonation des intervalles avec
sa voix ou avec un instrument; mais il fera en sorte qu'ils
la retrouvent eux-mêmes par le moyen de l'échelle, afin
qu'ils sachent de combien de tons et de demi-tons chaque
intervalle est formé, et qu'ils connaissent promptement
s'il est majeur ou mineur, si c'est une seconde, une tierce,
une quarte, etc. D'après cette méthode, les élèves ap-
prendront avec solidité et non comme des machines.

Il y a une grande différence de chanter parfois quelques
notes ou quelques passages avec l'élève, pour le soutenir
et le fortifier dans l'intonation, et de lui insinuer chaque
son. C'est aussi une chose bien différente d'exécuter les
notes comme elles sont écrites, ou de les chanter avec

grace et expression, ce que les Italiens appellent *cantar di maniera*. Dans ce dernier cas, le maître fera bien de démontrer à ses élèves de quelle manière ils doivent chanter, ce sera encore mieux de la leur indiquer avec la voix.

Puisque j'ai parlé plus haut de l'expression du chant, je dois dire deux mots sur cette acception dont tout le monde parle, sans en connaître souvent le sens. Plusieurs chanteurs, croyant que le chant maniéré consiste dans les agréments, varient si souvent et si maladroitement, qu'ils détruisent les intentions des compositeurs. Ah! combien ils se trompent : *cantar di maniera* signifie chanter avec expression et ame, soutenir et nuancer la voix, et surtout rendre la pensée musicale suivant le sens et le caractère qui lui conviennent. Les agréments font sans doute partie du chant, mais ils consistent dans quelques beaux trills faits à propos, dans quelques appogiatures, quelques gruppetti, et dans le changement de quelques passages courts, pourvu que cela se fasse avec discernement, sans s'écarter du sens des paroles.

De la manière d'ouvrir la Bouche.

La manière d'ouvrir la bouche contribue beaucoup à former une voix pure et à rendre claire la prononciation des paroles, partie essentielle dans le chant.

Il faut ouvrir la bouche ni trop ni trop peu, mais la tenir ouverte, comme si on voulait sourire, sans avancer la langue sur les lèvres, parce qu'on chanterait du nez et que l'on prononcerait comme un bègue.

6

De l'Intonation.

L'intonation, qui est le degré de voix juste et précise, est encore une partie principale du chant, car rien ne déplaît tant dans la musique comme une intonation fausse. Il ne faut donc jamais forcer la voix en chantant et surtout dans les cordes trop aiguës ou trop graves; mais il convient d'user de ces cordes de manière que l'on puisse prendre facilement le ton. Il faut avoir soin d'observer cette règle de respirer en temps et lieu, et avoir la pratique et la théorie nécessaires de tous les intervalles qui sont la première substance de chaque phrase.

CHAPITRE II.

De la manière de soutenir la Voix.

Porter la voix, c'est la soutenir autant qu'il est possible et tenir les notes dans toute leur valeur. Il en résulte la plus belle manière de chanter, que les Italiens appellent *cantar di portamento*.

De l'union de la Voix de poitrine avec celle de tête, appelée vulgairement Fausset.

Comme il est rare de trouver des personnes qui aient plus de douze à treize cordes de poitrine et parmi lesquelles il en est encore qui ont plus de cordes de tête que de poitrine, il est nécessaire d'unir les unes et les

autres, de manière que la voix semble n'avoir qu'un
seul registre, c'est-à-dire une parfaite égalité. Pour l'obtenir, il faut tâcher autant qu'il est possible que les
cordes de poitrine, qui sont le plus ordinairement entre
la 4.me et la 5me lignes des clefs respectives des chanteurs,
s'unissent avec les premières du fausset, de manière que
la transition d'une voix à l'autre ne soit pas trop sensible.
On obtient ce résultat en ne pas forçant les cordes aiguës
de poitrine et en renforçant plutôt les cordes basses du
fausset, ou en faisant le contraire si les cordes de poitrine sont faibles et celles du fausset plus nourries et
plus fortes.

De la manière de respirer.

La manière de respirer consiste à prendre son souffle
avec promptitude, sans que l'on s'en aperçoive. On le
prend ordinairement sur les temps faibles et lorsque le
mot est terminé, mais il ne faut pas que toute la valeur
de la note soit finie, si après elle il n'y a point de repos,
sans cela on manquerait à une autre règle très-impor-
tante qui est de commencer à temps quelqu'autre note,
si la faiblesse de la voix ou la qualité de la phrase musicale obligeait quelquefois de prendre son souffle sur la
moitié d'un mot. On doit le faire avec précaution, afin de
faire sentir le moins possible la coupure du mot : dans
ce cas, on prend son souffle, comme si on voulait soupi-
rer, ce qui semble donner de l'énergie à l'expression; ce
sera bien de prendre plus souvent son souffle pour moins
se fatiguer et pour avoir la force suffisante, afin d'exprimer le clair-obscur de la voix et de sa gradation. Il faut
cependant observer avec attention de ne pas respirer sur

la moitié d'un mot, ce qui ne doit avoir lieu que dans quelques cas particuliers, comme je l'ai déjà dit, mais jamais après le trill ni avant d'avoir terminé une phrase ou une cadence.

Du Trill et du Gruppetto.

Comme on a déjà dit dans la Grammaire musicale en quoi consistent ces deux agréments, j'indiquerai seulement la manière de perfectionner le trill à ces voix à qui la nature n'a pas été assez généreuse pour le leur accorder; si la voix n'est pas agile, il faut tâcher de la délier, en vocalisant de la musique gaie, dans un mouvement modéré, en commençant et en pressant peu à peu selon la facilité que l'on acquiert par un exercice continuel. Le trill doit être fait plus lentement. Lorsqu'on l'exécute avec le temps et par degrés, on essaie de le faire rapide, pur et égal. Sa durée doit être semblable à celle des notes sur lesquelles on le place. Dans les points d'orgue et dans les cadences libres, il faut le faire durer avec discrétion, pour ne pas perdre sur lui toute sa force; on peut encore ne pas le tenir toute la valeur entière des notes et terminer la cadence par un saut de quinte en bas ou d'une autre manière, pourvu que le tout se fasse avec expression et justesse. Il faut aussi observer, en faisant le trill et en chantant des airs de bravoure, de tenir la langue toujours ferme, ainsi que le menton; autrement il en résulterait un mauvais trill qu'on appelle chevrotage.

De la Roulade.

L'exécution du trill est très-difficile; il en est de même de la roulade qui offre aussi de grandes difficultés. La légèreté de la voix en est la première qualité. On doit lier et marteler en même temps avec le gosier les sons qui la forment. En articulant de cette manière, on doit éviter de donner à l'aspiration une certaine sorte d'activité trop sensible. Dans une roulade ascendante, la force des sons doit augmenter par degrés. On suivra l'ordre inverse dans une roulade descendante. En commençant les roulades, les élèves doivent les exécuter lentement, afin d'en assurer l'intonation et les moyens de la rendre parfaite; ils en accéléreront progressivement le mouvement, à mesure que ces moyens s'affermiront, en se développant.

De la Cadence libre au Point d'orgue de suspension.

La cadence libre est cette courte mélodie que le chanteur crée dans le moment et qu'il exécute à la fin d'un air ou d'un autre morceau de musique, tandis que les autres parties s'arrêtent, pour le laisser agir à sa volonté.

La vraie manière de faire une belle cadence est d'y introduire quelques courts passages du motif principal, ou en place faire au moins que la mélodie soit analogue au caractère de la musique que l'on exécute. Il faut qu'elle ne soit pas trop longue, pour ne pas ennuyer les auditeurs, et qu'elle soit exécutée sans prendre haleine. La cadence libre n'est jamais obligée; c'est une licence qui nuit souvent beaucoup à l'énergie de la musique et des paroles. Le chanteur devra mesurer ses forces avant d'entreprendre une cadence, afin d'avoir toujours de la respiration de reste, pour la terminer facilement. Le point de suspension ou d'arrêt, que les Italiens appellent *fermata*, ne se place que dans le courant d'un air, sur la dominante ou bien sur la médiante.

CHAPITRE III.

De l'Appogiature.

La Grammaire musicale explique aussi la nature de l'appogiature ; je dirai seulement que, si l'instrumentiste n'est pas rigoureusement tenu d'exécuter l'appogiature qui n'est pas indiquée par le compositeur, il n'en est pas de même pour le chanteur, surtout dans le récitatif: deux notes égales de valeur et de son, placées sur un temps fort, doivent être considérées comme une appogiature en haut, selon la nature de l'échelle dans laquelle ces notes sont écrites.

De la mise de Voix.

L'élève doit s'appliquer à bien émettre la voix, pour produire un des plus beaux agréments du chant et du son. On peut même pratiquer sur les instruments à vent et à cordes la mise de voix ; elle consiste à entonner une note plutôt piano, en allant graduellement jusqu'au fortissimo. On doit ensuite revenir peu à peu au degré de force avec lequel on a commencé ; on conçoit donc suffisamment que cet agrément ne peut avoir lieu que sur une ronde ou une blanche, lorsqu'on doit la soutenir pendant plusieurs mesures, sans reprendre haleine dans

un point d'orgue et dans une cadence. Une seule mise
de voix suivie d'une note trillée suffit pour former une
des meilleures cadences.

De la Pose du Chanteur.

Quand on chante, on doit tenir toujours la tête haute,
ferme et droite, sans faire aucun mouvement désagréable
avec les épaules, les bras et autre partie du corps; mais
il faut se tenir dans une attitude aisée et chanter debout,
afin que la voix sorte avec plus de facilité.

De la nécessité d'avoir dans le Chant une pronon-
ciation exacte et pure.

J'ose dire qu'une prononciation pure est la première
et la plus essentielle des règles du chant, puisque la né-
gligence dans cette partie est le plus grand des défauts.
Peut-on faire plaisir aux auditeurs et à soi-même, si on
ne prononce pas clairement et si on ne fait pas bien com-
prendre ce que l'on chante? Pour éviter un aussi grand
défaut, il faut prononcer assez fort et non à demi voix,
ni entre les dents, prononcer distinctement les syllabes,
sans affectation ni charge. Avant de chanter, il faut
lire plusieurs fois les paroles, les prononcer dans le
vrai idiome de chaque langue. Dans les vocalises ou
dans les roulades, il faut prononcer toujours ouvertes
les voyelles E et O, et avec douceur I et A. Celui qui veut
avoir une prononciation précise et pure doit lire beaucoup, apprendre la langue par théorie et par pratique,
écouter souvent ceux qui parlent et prononcent bien,

avoir quelques notions de littérature, de poésie et tout
ce qui orne l'esprit, car si le chanteur ne sent pas et
ne comprend pas lui-même la force et le sentiment de ce
qu'il dit, il est incapable de l'inspirer aux autres. *Si vis
me flere, dolendum est primum ipsi tibi.*

CHAPITRE IV.

Des nuances et de la gradation de la Voix pour exécuter le forte et le piano.

L'ame de la musique étant dans les nuances, chanter
et jouer toujours de la même force, c'est-à-dire sans
nuance et sans donner aux sons plus ou moins de force,
selon le bon gout et le sentiment musical et surtout celui
des paroles, est un très-grand défaut. Mais comme la
nature contribue plus que l'art à chanter et jouer avec
expression, les règles sur cet objet sont en petit nombre et les exemples presque infinis. Le meilleur moyen
pour réussir dans cette partie si essentielle du chant et
du son, c'est de faire souvent des exercices avec de
la musique sentimentale et expressive, parce que, si la
musique est vraiment bonne et que le chanteur ou l'instrumentiste ait la connaissance et l'ame nécessaire pour
bien l'exprimer, sans s'en apercevoir, il chantera ou
jouera avec expression, en observant la gradation de
la voix ou du son, c'est-à-dire le piano, le pianissimo,
le forte, le fortissimo, le smorzando, le crescendo, le
marcando, etc., indiqués par le caractère et par la

nature de la musique. Pour exprimer en temps et lieu toutes ces nuances avec exactitude, la meilleure règle est d'entrer dans l'intention du compositeur et du poète. Par exemple ce serait une chose contraire au bon sens que de chanter piano et dolce les paroles : *Barbare*, *Tyran*, etc., forte et vivace, celles de douleur : *Je me meurs, hélas!* etc. Cependant il est des cas et des circonstances qui le permettent; cela dépend de la situation et du caractère de la mélodie. Si les notes montent par degrés on renforce la voix, et on la diminue lorsqu'elles vont en descendant. Quand un passage est répété immédiatement, on doit l'exécuter la seconde fois avec piano et forte *et vice versa* s'il est précédé d'un forte.

De la manière de chanter le Récitatif.

Le récitatif est de tous les caractères celui qui approche davantage du discours. C'est une déclamation notée. Mais néanmoins comme on parle musicalement et que ce chant est quelquefois plus sensible et plus accentué que certains airs faibles et insignifiants, il faut mettre beaucoup d'attention dans la manière de chanter le récitatif et surtout observer de ne pas trop le chanter. Il y a une grande différence entre un récitatif et un air. Le premier est presque toujours le même et doit être seulement chanté détaché, parlant et vibré ou languissant selon les occasions. Le second varie beaucoup et s'exécute legato ou portato; on emploie aussi dans ce dernier quelquefois les vocalises ou les roulades que le récitatif n'admet jamais.

Il y a deux sortes de récitatifs, le simple et l'obligé,

dans le récitatif simple, il n'y a d'autre loi pour la mesure que celle de ne pas trop s'éloigner de la valeur
des notes, pour ne pas changer la valeur des syllabes.

Le récitatif obligé qui est accompagné de tous les
instruments force souvent le chanteur à l'exécuter rigoureusement selon le temps. Dans l'un comme dans l'autre,
il faut toujours se souvenir que l'on ne chante pas seulement, mais que l'on parle en chantant. Le plus essentiel
est de bien se faire entendre et prononcer clairement
chaque syllabe et chaque parole, en entonnant avec justesse tous les intervalles et surtout en chantant avec
nuance et expression. Un grand défaut, dans lequel sont
tombés plusieurs de nos meilleurs chanteurs modernes,
c'est celui d'avoir introduit dans le récitatif la roulade, chose
qui répugne au bon sens, car le récitatif étant une vraie
musique parlée, on ne fredonne certainement pas lorsqu'on
parle ou qu'on raisonne. Cependant, dans les récitatifs
où les paroles sont assez indifférentes, on peut se per-
mettre quelques agréments, employer un petit fredon,
une roulade, un gruppetto ou autres agréments gracieux;
mais dans un récitatif passionné dont les paroles expri-
ment le chagrin, la colère, la jalousie, la peur, etc., il
serait ridicule de l'exécuter de cette manière. Si dans
les airs on change quelques passages, il faut le faire avec
prudence pour ne pas sortir du caractère de la musique
et ne pas tomber dans une certaine manière et certaine
bizarrerie qui sont plutôt pour le violon que pour la voix
humaine. C'est une erreur impardonnable de défigurer
presqu'entièrement les airs et de détruire les plus belles
mélodies qui ont coûté tant de peine au compositeur
pour les inventer. Ceux qui agissent ainsi ne connaissent
pas la vraie manière de chanter. Aucune raison ne peut

la justifier, quoiqu'ils s'appuyent sur la maxime d'un poète que nous appliquons à l'art du chant :

E poichè applaude il volgo sciocco, è giusto
Scioccamente cantar, per dargli gusto.

Avertissement pour ceux qui enseignent et pour ceux qui apprennent le Chant.

Je terminerai cet abrégé, en recommandant encore une fois que les Solfèges soient toujours adaptés à l'intelligence et à l'âge des élèves; qu'ils soient surtout pour les commençants clairs, faciles et intercalés de notes de longue durée et de quelques notes égales, spécialement les premiers. Après une année d'étude, j'oserai dire que l'on ne doit presque plus solfier, mais seulement vocaliser. Il y a beaucoup de chanteurs qui ont le pernicieux défaut d'ouvrir peu la bouche, de mal prononcer et de ne pas pousser la voix, comme on le doit. Tout cela provient d'avoir trop solfié.

Après un exercice continuel et soutenu de trois ans, on doit savoir chanter à livre ouvert, mais il est difficile de chanter avec goût et avec expression sans avoir reçu les dons de la nature, qui sont une belle voix, une bonne oreille et les dispositions requises, mais le plus heureux don est celui d'avoir un bon maître.

FIN.

TABLE DES MATIERES.

Préface . . . . iij
De la Musique et du Son 1
Des caractères de la Musique et de la Gamme. . . . 2
Des Notes. 4
De la Valeur des Notes 5
Des Silences. 6
De la Gamme. 8
Du simple Point 10
Du double Point et du Point au commencement d'une
    mesure. 11
De la Liaison. 12
Des Clefs. 13
Des Notes ascendantes et descendantes 14
Des Voix 16
Des Temps 18
Du Rhythme musical 19
Des Mesures. 20
Suite des Mesures. 24
    Idem. 25
De la Syncope 26
Des Notes surabondantes 27
Des Signes d'abréviation. 28
Des Agréments 30

Du Gruppetto 31
Du Mordant. 32
Du Trill 33
De la Cadence 34
Des Signes de renvoi 35
Du Point d'orgue et autres signes 36
Des Accidents. 38
Du Dièse. 39
Du Placement des Dièses. 40
Du Placement des Bémols. 41
Des Genres 42
Des Intervalles. 43
Du Renversement des Intervalles 45
De la Consonnance et de la Dissonnance. . . . . . ibid.
Des Secondes, des Tierces, des Quartes, des Quintes,
    des Sixtes et des Septièmes 47
De l'Octave. 50
De la désignation des Intervalles 52
Des Intervalles peu usités . . . . : . 53
Du Ton et du Mode 54
Des Bases des Modes 56
Du Mode majeur 57
Du Ton avec Dièses . . . . ibid.
Du Ton avec Bémols 60
De l'Accord de Tonique 61
Moyen pour passer d'un Ton majeur en un Ton mineur,
    et d'un ton mineur en un ton majeur 63
De la Transposition 66
Des accents de la Musique 67
De la Liaison 68
Du Point allongé et du Point simple sur la note . . . 69
Du Rallentando et de l'Accelerando 70
Des Termes qui indiquent le Mouvement 71
Des Termes qui modifient le Mouvement 73

MÉTHODE DE CHANT.

De l'Expression 79
De la manière d'apprendre et d'enseigner le Chant . . ibid.
De la manière d'ouvrir la Bouche 81
De l'Intonation. 82
De la manière de soutenir la Voix. . . . . ibid.
De l'Union de la Voix de poitrine avec celle de tête . . ibid.
De la manière de respirer 83
Du Trill et du Gruppetto. 84
De la Roulade . . . . ibid.
De la Cadence libre 85
De l'Appogiature 86
De la Mise de Voix . . . . ibid.
De la Pose du Chanteur. 87
De la nécessité d'avoir une prononciation exacte et pure. ibid.
Des nuances et de la gradation de la voix pour exécuter
  le forte et le piano. 88
De la manière de chanter le Récitatif. 89
Avertissement pour ceux qui enseignent et pour ceux qui
  apprennent le chant 91

FIN DE LA TABLE.

1

Première LEÇON.

N.º 1. Portee.   N.º 2. Lignes additionell

Lignes. 1 2 3

Deuxième LEÇON.
Nom des Notes.

3.	4.	5.	6.	7.
Quarrée.	Ronde.	Blanche.	Noire.	Croche.

8.	9.	10.
Double Croche.	Triple Croche.	Quadruple Croch

Notes avec leurs valeurs relatives.

La RONDE vaut....................... 11

  2 Blanches........   12

ou 4 Noires......   13

ou 8 Croches....   14

ou 16 Doubles...   15
       croches.

ou 32 Triples....
       croches.

ou 64 Quadruples Croches.

Des Silences.

17.	18.	19.	20.
4 Mesures.	2 Mesures.	1 Mesure.	Demi-Mesure

21.	22.	23.
Soupir.	Demi-Soupir.	Quart de Soupir.

24.	25.
Huitième de Soupir.	Seizième de Soupir.

Troisième LEÇON.

Des Silences avec les Notes correspondantes.
Notes et Silences pointés.

26.   27.   28.
Ronde.   Blanche. Noire.

29.   30.   31.
Croche.   Double Croche.   Triple Croche.

Notes et Silences doublement pointés.

32.   33.   34.   35.   36.
Ronde.   Blanche. Noire. Croche.   Double Croche.

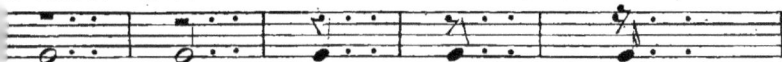

Quatrième LEÇON.
De la Liaison.

57.   38.
anche et Noire liées. Deux Croches liées.   59.

Cinquième LEÇON.
des Clefs.

1.   2.   3.   4.
ef d'Ut 1e.ligne. 2e. ligne.   5e. ligne. 4e. ligne.

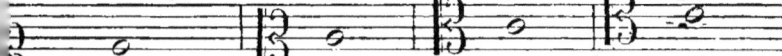

6.   5.   8.   7.
ef de Sol 1e.ligne. 2e. ligne. Clef de Fa 5e. ligne. 4e. ligne.

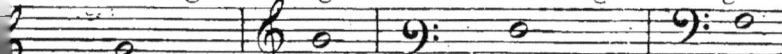

9. Notes Ascendantes.

10. Notes Descendantes.

12.

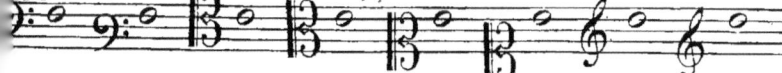

Sixième LEÇON.
Des Mesures.

Mesures à Deux Temps.

Simple.	15.	
Simple.	17.	
Composée.	18.	
Composée.	19.	

Mesures à Quatre Temps.

Simple.	13.
Composée.	16.
Composée.	20.
Composée.	21.

Mesures à Trois Temps.

Simple.	22.
Simple.	23.
Simple.	24.
Composée.	25.
Composée.	26. 27.

Septième LEÇON.
des Syncopes.

Huitième LEÇON.
Notes surabondantes.

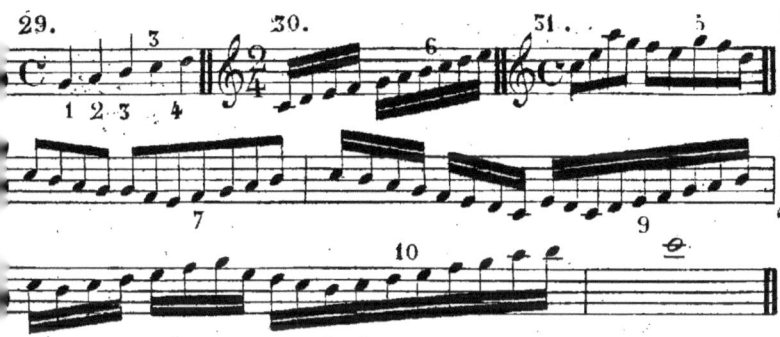

Neuvième LEÇON.
des Abréviations.

32.   33.   34. Simili.   35.   Arpeggio.

Dixième LEÇON.
des Agrémens.

36.   37.   38.   39.   40. le Groupetto. 41.

42.   43.   44. du Mordant. 45. du Trill.   46.

47.   48.   49.
tr   *tr*

Onzième LEÇON.
50. Reprise. 51.   52. Renvoi.

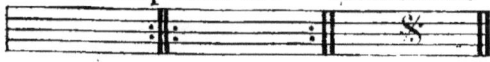

5

Douzième LEÇON.
du Point d'Orgue.

53.

54. Fine. **55.** Tremolo. **56** Guidon.

Treizième LEÇON.
Des Accidens.

57. Dièse. **58.** Bémol. **59.** Béquarre. **60.** Double Dièse. **61.** Double Bém.

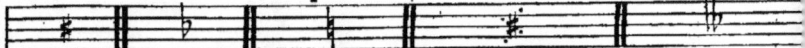

62. Béquarre et Dièse. Béquarre et Bémol. **63.** **64.**

65. Dièses. **66.** Doubles Dièses. **67.** Bémols. **68.** Doubles Bémol.

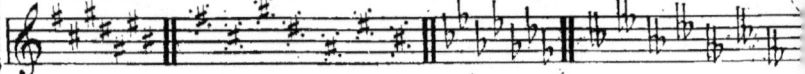

Quatorzième LEÇON.
Des Intervalles.

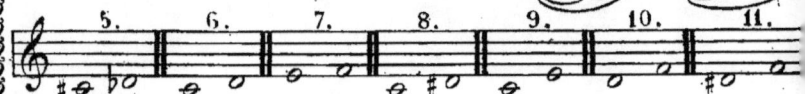

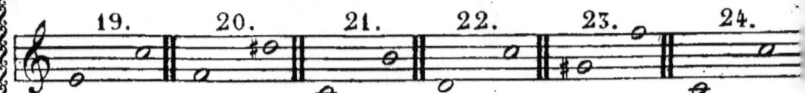

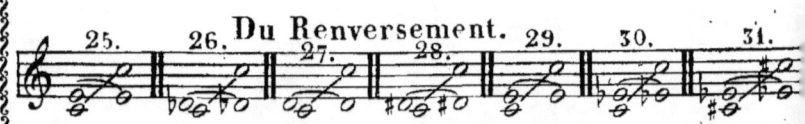

1. **2.** **3.** **4.**

5. **6.** **7.** **8.** **9.** **10.** **11.**

12. **13.** **14.** **15.** **16.** **17.** **18.**

19. **20.** **21.** **22.** **23.** **24.**

25. **26.** Du Renversement. **27.** **28.** **29.** **30.** **31.**

32. 33. 34. 35. 36. 37. 38.

39. 40. 41. 42. 43. 44.

45.

Quinzième LEÇON.
Echelle Diatonique Majeure.

46.

un Ton · un Ton · demi-Ton majeur · un

Ton · un Ton · un Ton · demi-Ton majeur ·

47. Echelle Diatonique Mineure.

un Ton · demi-Ton majeur · un Ton · un

Ton · demi-Ton majeur · un Ton · un Ton ·

48. Echelle Diatonique Altérée.

un Ton · demi-Ton majeur · un Ton · un

Ton · demi-Ton maj: · un Ton et demi- · demi-Ton maj: ·
-Ton mineur ·

49.

DE LA QUANTITÉ

50.

Quart de Ton..... { 15

Demi-Ton majeur.

Demi-Ton mineur.

Demi-Ton majeur.

Quart de Ton..... { 16

Demi-Ton mineur.

Quart de Ton.

17

Demi-Ton mineur.

Demi-Ton majeur.

Quart de Ton..... { 18

Demi-Ton mineur.

Demi-Ton majeur.

Quart de Ton..... { 19

Demi-Ton mineur.

Demi-Ton majeur.

Quart de Ton..... { 20

Demi-Ton mineur.

Quart de Ton.

21

Demi-Ton mineur.

GAMMES Majeures

52. en Sol.　　　53. en Ré.

58. en Sol♭.　　59. en Ut♯.　　60. en Ré♭

JALITÉ DES SONS.

51.

majeur.......
- Demi-Ton mineur.
- Demi-Ton majeur.

mineur.......
- Demi-Ton mineur.
- Demi-Ton majeur.

i-Ton majeur..
- Demi-Ton mineur.
- Quart de Ton.

majeur.......
- Demi-Ton mineur.
- Demi-Ton majeur.

mineur.......
- Demi-Ton mineur.
- Demi-Ton majeur.

majeur.......
- Demi-Ton mineur.
- Demi-Ton majeur.

i-Ton majeur..
- Demi-Ton mineur.
- Quart de Ton.

1 2 3 4 5 6 7 8 9 10 11 12 13 14

a. 55. en Mi. 56. en Si. 57. en Fa#.

Lab. 62. en Mib. 63. en Sib. 64. en Fa.

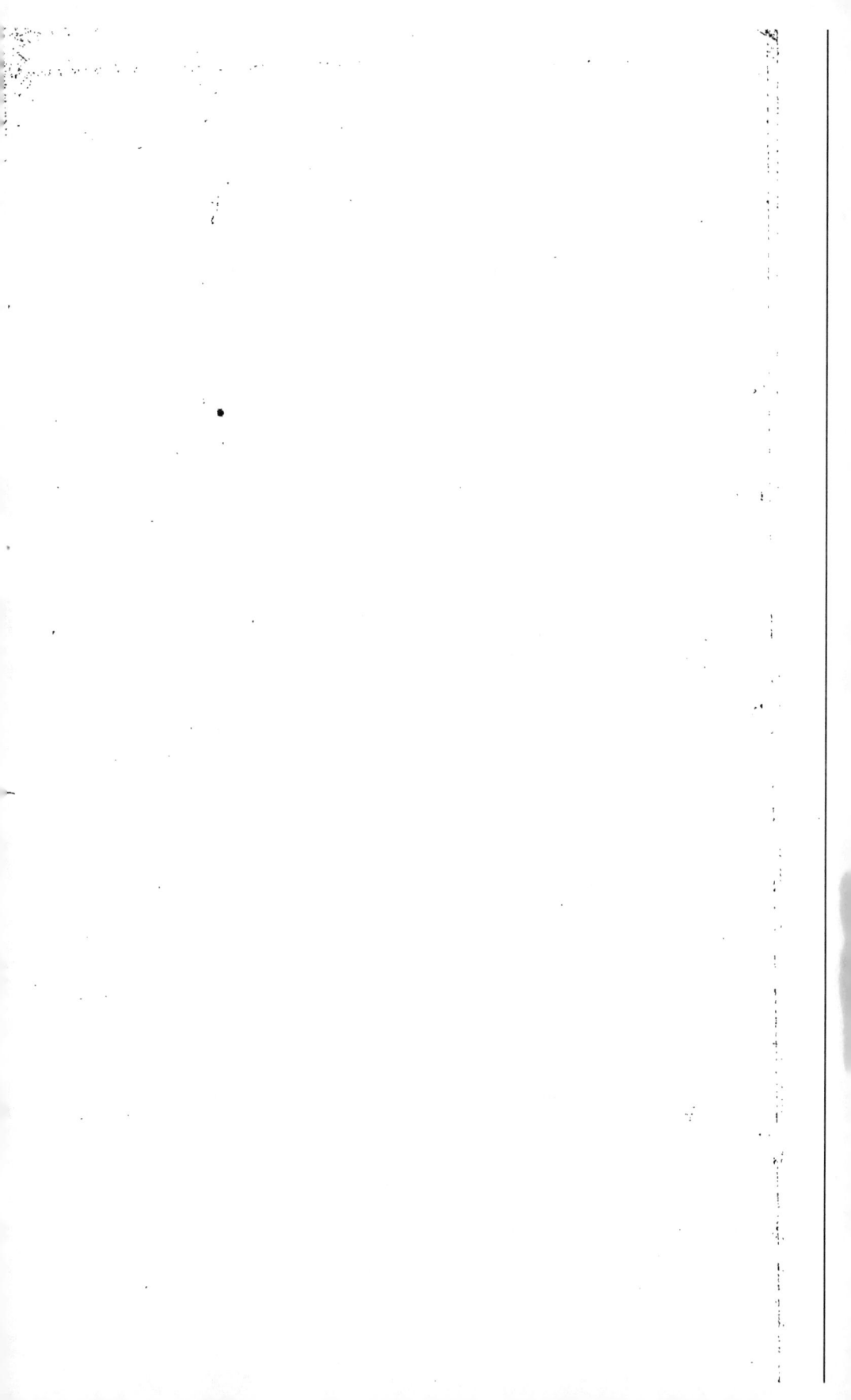

Accord de TONIQUE, Mode majeur.

65.

Accord de TONIQUE, Mode mineur.

66.

Notes Caracteristiques
du Mode Majeur.

67.

Notes Caracteristiques
du Mode Mineur.

68.

69. Ton de FA majeur

70. Ton de RE mineur

71. UT. majeur.

72. UT. mineur.

73. UT. mineur.

74. UT. majeur.

75. LA. majeur.

76. LA. mineur.

77. LA. mineur.

78. LA. majeur.

Seizième LEÇON.

79.

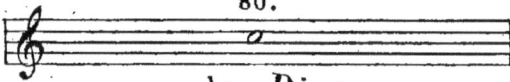

Crescendo.   Diminuendo.

80.

Crescendo. Diminuendo.

De la LIAISON.

81.   82.   83.

84.

85.

86.   87.

du Piqué.   du Lié avec le Piqué.

www.ingramcontent.com/pod-product-compliance
Lightning Source LLC
Chambersburg PA
CBHW071817090426

42737CB00012B/2119